学得慢的孩子们

[韩] 金泳熏 著

刘亚斐 译

湖南教育出版社·长沙

序言　写给在学习之路上迷茫的孩子与父母　1

第一章 我的孩子是不是"学得慢的孩子"？

1

什么是"学得慢的孩子"？　003
"学得慢"不等于"学习障碍"　009
读得慢的孩子　013
写得慢的孩子　021
算得慢的孩子　026

第二章 "学得慢的孩子"的十张脸孔

2

坐不住的孩子　035
半途而废的孩子　043
拖延的孩子　051
随心所欲的孩子　058
无法专注的孩子　064
性格迟钝的孩子　069
高敏感的孩子　076
没有养成好习惯的孩子　081
有睡眠问题的孩子　088
没有时间观念的孩子　096

第三章 从"学得慢"到"学得好"的核心动能

自尊感:没有天生无欲无求的孩子 105

内在动机 vs 外在动机:奖励是一把双刃剑 113

鼓励 vs 表扬:过程比结果更重要 121

自主性:不要给孩子筑墙 130

自律性:放弃"管教孩子"的观念 137

专注力:"多巴胺学习法"的魔力 142

心理弹性:让孩子拥有强大的内心力量 147

阅读:通过"一万小时定律"养成习惯 154

电子设备:"学得慢的孩子"的绊脚石 159

第四章 | 父母做对,孩子才能"学得好"

减压:为孩子创造轻松、自在的环境 167

好好说话:保护孩子探索的欲望 172

"直升机父母""割草机父母"vs"人造卫星父母" 179

做孩子的伙伴,一起成长 184

第五章 | 那些特别的"学得慢的孩子"

听知觉阅读障碍 191

视知觉阅读障碍 196

阅读障碍的早期诊断 203

感统失调的孩子 208

序言

写给在学习之路上
迷茫的孩子与父母

除了位列前茅的少数儿童外,其他孩子天生并不具备学习的头脑。也就是说,假设小学班上有30名孩子,那么其中可能只有3名孩子学习成绩优秀。学习上与这些孩子存在差距,学习方法存在偏差是再正常不过的事情。然而,在这个将学习成绩等同于成功的社会,父母透过孩子的学习成绩好坏,看到的是孩子将来的成功与否——这让父母如何能接受自家孩子的"差距"与"偏差"呢?

当孩子正式踏上学习之路后,父母只会用"学得好""学得差""学得快""学得慢"这样非黑即白的话来评价孩子。而且,父母还会为孩子学得差、学得慢寻找各种原因,想方设法消除这些"差距"与"偏差":孩子不够努力、脑子不够灵光、课外辅导班上得不够多……

每个孩子的性格不同、成长环境不同,学习的速度自然也各不相同。因此,父母要做的是引导孩子找到适合自己的学习速度，以正确的眼光看待孩子的学习。当然，父母也要了解孩子出现"学得慢"这一现象的早期信号。

"学得慢"的信号多种多样。当孩子的肢体协调能力不如其他孩子、注意力不集中、语言发育迟缓；婴幼儿时期行为举止格外闹腾或迟钝；经常控制不好自己的力度，用力过猛地推搡他人或摔坏物品；能听懂他人讲话，但经常沉默寡言，语言表达的词汇量十分有限。这些信号很容易令人误以为是孩子的智力发育出现了问题。

当孩子升入小学后，最先引起父母注意的，往往就是孩子在学习上出现困难：学习拼音、识字时，怎么也学不会；握笔的力气太小，写字无法坚持太久；记不住自己学过的字怎么写；无法将数字和生活中的物品数量一一联系，甚至连数字1~20都分不清。尽管孩子并没有智力方面的问题，但是从孩子的学习情况来看，实属"学得慢的孩子"无疑了。

"学得慢的孩子"可分为以下几种类型。

第一种，缺乏基本学习能力的孩子。这类孩子在每门科目的学习上都缺乏必备的基础学习能力，例如语文的基本阅读能力、组词能力，以及数学的数字概念理解、四则运算能力等。他们无法流畅地阅读课文，也记不住九九乘法表。"学得慢"的问题不仅出现于语文、数学科目，在其他科目上同样露出端倪。在基本学习能力这个问题上，"准确"与"迅速"二者缺一不可。因为只有具备"准确"与"迅速"，才能做到正确且流畅地完成作业，进而挑战更加有难度的学习任务。

第二种，无法专注的孩子。这类孩子本身是具备基础的学习能力及学习意愿的，但他们只能在有限的时间内专注于学习，无法坚持到最后。也就是说，他们在课堂上的注意力无法始终保持集中，一直到课堂结束，而且难以主动集中自己的注意力。他们完成作业实际所需的时间比预先计划的更多，而且在写作业时也会感到难以坚持。

第三种，行为笨拙迟钝的孩子。这类孩子似乎什么都不会做。一旦父母给出指令，他们就会哭喊"我不会，爸爸妈妈帮我做吧"。很多时候，父母往往因为心疼孩子，帮助孩子做了本应由孩子自己完成的事情。其实，父母此时更好的做法，是引导和鼓励孩子一点点地独立完成。

第四种，没有养成良好学习习惯的孩子。这一类型的孩子，采用的学习方法往往并不适合自己。当孩子具备学习的意愿，学习时也能做到注意力集中，但是缺乏行之有效的学习方法时，取得的学习成果与付出的时间与努力往往不成正比。比如，没有抓住重点的学习内容，过度关注非重点内容，导致学习量增加；不能清晰地认识到自己已经掌握哪些知识、尚未掌握哪些知识，从而在不好的学习习惯里越陷越深。

第五种，缺乏学习意愿或学习动机的孩子。比起学习，这类孩子更喜欢与小伙伴玩耍、上网等与学业无关的事情。不过，这类孩子也有一个优点，只要将他们平时的兴趣善加利用，就能激发他们的学习意愿。不过，若是孩子对于学习之外的事情，比如与小伙伴打游戏等也缺乏兴致，那么在重塑孩子的学习能力时，就会面临较大的困难。

第六种，被父母过分催促的孩子。孩子只有在心理及情绪保持稳定的状态下，才能取得较好的学习效果。即使孩子具备充分的学习能力、拥有充沛的学习意愿，若是在心理上过分着急或焦虑，学习效果也会大打折扣。我们都知道，个人或家庭问题，以及周围环境的影响都会打破心理及情绪的安定状态，导致孩子无法集中精神学习。父母过于强势或经常催促孩子，也是阻碍孩子集中精力学习的绊脚石，这与孩子本身的智力没有任何关系。

此外，"学得慢的孩子"之中，偶尔会有孩子被诊断为患有"学习障碍"。学习障碍通常指孩子在阅读、书写、算术等方面表现出极大的困难，其中阅读障碍占比高达80%。如果双手的小肌肉协控能力较差，孩子在写字时也会出现许多问题：无法保持整行对齐书写、字迹潦草、写字姿势也歪歪扭扭。这类孩子的问题源自大脑的发育，尤其是大脑与读写相关的功能存在障碍。与大脑发育问题相比，智力、学习意愿、学习动机、心理状态等都算不得什么问题了。

本书属于教育类书籍，旨在帮助那些不具备学习天赋、尚未养成良好的学习习惯的孩子发掘自己的学习能力。孩子大脑发育的每个阶段应当接受怎样的教育？父母如何以正确的心态对待孩子的学习？父母如何修复与孩子的关系？父母如何帮助孩子找到适合自己的速度与环境，培养自己的学习能力？关于这些问题，本书将一一为您解答。另外，在阅读本书时，不需要从头至尾按顺序阅读。各位家长可以根据自家孩子的情况，首先阅读对自身有益的章节。

衷心希望本书能够帮助各位家长理解学龄前及小学低年级孩子的大脑发育过程，为"学得慢的孩子"重塑"学习头脑"尽绵薄之力。最后，我想感谢妻子宋美景女士根据自己的育儿经历，站在孩子妈妈的立场为本书的撰写提出了许多宝贵的修改建议。

于韩国加图立大学首尔圣母医院

金泳熏

第一章　我的孩子是不是"学得慢的孩子"？

什么是"学得慢的孩子"?

所谓"学得慢的孩子",指的是那些学习速度较为缓慢、学习成绩低于特定分数的孩子。当然,这里的"特定分数"具体指多少分,每个家长的期待不一样,其实是难以统一的。从"学得慢的孩子"的日常表现来看,他们似乎并不存在什么很大的问题——口齿伶俐,一些简单的事情也能轻轻松松完成。然而,这些孩子一面对学习,则成为父母眼中学习上有困难的孩子、不适合学习的孩子、讨厌学习的孩子。

"学得慢的孩子"如果在学习过程中得到他人的帮助,最终也能够学得会。但假使放任孩子独自坐在书桌前,那么孩子就会变得神思散漫、难以集中精力学习。而且,其他孩子20分钟就能完成的学习内容,"学得慢的孩子"却可能需要花上整整两个小时。对于家长和老师而言,这样的孩子实在是太难教了。因此,一次性只能学会一丁点儿知识、学习速度迟缓的孩子们,就这样被称为"学得慢的孩子"。

目前,智商介于70~80之间的临界智力[①]儿童在韩国也被划属为"学得慢的孩子"。这样做是为了避免人们将临界智力误认为是智力障碍，同时也为了防止"临界智力"的标签为孩子带来心灵创伤。此外，学习障碍儿童因为学习速度滞缓，也被称为"学得慢的孩子"。但学习障碍儿童与临界智力儿童在认知水平上是存在一定差异的。

广义上来看，智商介于 66~69 的轻度智力障碍儿童也属于"学得慢的孩子"这一范畴，而具有轻微自闭倾向的自闭症谱系障碍（autism spectrum disorder, ASD）儿童也可以被归为"学得慢的孩子"。然而，这两类孩子无法接受正常的学校教育，而是应当被送至特殊学校，父母能够给到的帮助也十分有限，需要学校配备的特殊教师加以协助。

在"学得慢的孩子"当中，偶尔也会出现患有 ASD 或 ADHD（attention deficit hyperactive disorder 注意缺陷多动障碍）的临界智力儿童。这种情况下，比起关注孩子的智力水平，治疗孩子 ASD 或 ADHD 的一系列症状才是当务之急。

当孩子由于智力水平处于临界状态或存在学习障碍时，在习得技能或提高学习能力上会面临诸多困难，这时，他们就需要父母的帮助。千万不要觉得孩子总是明知故犯，他们只是尚未掌握正确的思考方式和学习方法而已。只要稍加引导，孩子们就会自己回到正轨。

---

① 智力发育水平相对较低，生活能力和社交能力相对较弱，需要外界的帮助和指导。但是临界智力并不等同于低能，临界智力者能够完成一些简单的任务和工作。——译者注

印度的兰贾娜教授认为，"学得慢的孩子"拥有与其他孩子相同的潜力。只要施以适当的教育，"学得慢的孩子"也能够正常生活。而且，"学得慢的孩子"当中，不乏在某些特殊领域天赋异禀的儿童——他们需要的也许就是我们轻轻地推一把，去发现、点亮这个天赋。

"学得慢的孩子"的标准是什么？

用以判断"学得慢的孩子"的分数标准主要可分为两种。

第一种是其他同龄孩子的学习成绩。但同龄孩子也有整体成绩偏高及偏低的情况，如果同龄孩子的智力水平较高，或是对学习内容掌握得比较好，那么整体成绩就会相应地偏高。不同学校、不同地区的孩子，其整体的分数标准也有所不同。哪怕我们不以绝对的成绩分值，而是以孩子的排名区间作为标准——例如排名前25%或排名前50%——分数标准也会出现相应的浮动。

除了同龄孩子的学习成绩外，还可以设立某一绝对分数作为评判标准。但题目的难易度不同，有时题目较为简单，正确率就会高于预期；有时题目较难，正确率就会低于预期。那么当预设的绝对分数值为60分、70分或80分时，确定的"学得慢的孩子"的人数也随之不同。

在教学上，对判断"学得慢的孩子"的标准也存在争议。一般老师们会通过对阅读（reading）、写作（writing）、算术（arithmetic）等科目的掌握程度进行判断，但是也有老师认为，文学、语法等所有语文学习内容也应当囊括在内，且还应包括外语、社会、科学等其他科目。

近来，也有人根据未来核心领域及解决核心问题的需要，提出将知识信息处理能力、创意性思维、团体意识、沟通能力、审美能力、自我管理能力等纳入判断"学得慢的孩子"的考量标准。

为什么"学得慢"？

"学得慢的孩子"往往在信息处理能力、学习方法、必备的学习能力、算术技能、词汇等诸多认知层面上都有所欠缺。

工作记忆能力较差

"学得慢的孩子"在信息处理能力上表露最明显、最突出的特点，就是工作记忆（working memory）容量相较于其他同龄孩子更小。

所谓工作记忆，指的是将大脑新接收的信息与存储于长期记忆中的信息关联起来，从而解决某些问题的能力。如果工作记忆的容量不够大，那么孩子在学习时会感到十分困难。

要将工作记忆中的信息进行加工、组织、归类、输出为长期记忆，就需要孩子集中注意力。而"学得慢的孩子"由于缺乏注意力，无法固定地持续关注同一事物，也就导致其工作记忆能力较差。

不会使用学习方法

当"学得慢的孩子"读到一些较难理解的内容时，他们很少向自己提出问题。在学习新的知识时，如果没有人提出要求，指出具体应当怎样做，他们就很难用之前学到的学习方法来解决问题。甚至，很多"学得慢的孩子"对什么是学习方法都一无所知。

美国教育心理学家弗朗西斯·罗宾逊（Francis Robinson）曾提出过著名的 SQ3R 学习法（一种将阅读划分为浏览 survey、提问 question、阅读 read、背诵 recite、复习 review 五个阶段的阅读法）。但是，就算将这一方法教授给"学得慢的孩子"，他们在遇到阅读困难时，也不懂得自己主动应用这一方法。

词汇能力较弱

"学得慢的孩子"往往会在早期表现出学习的词汇数量较少、难以深入了解词语含义等问题。并且这一问题会随着时间的推移变得更加严重。相较于其他孩子,"学得慢的孩子"使用新词语的频率更低,在阅读时容易受挫,进而形成恶性循环,更加抗拒阅读。这样一来,孩子的词汇能力就更加难以提高了。

此外,"学得慢的孩子"还有一个特点,那就是同样的内容无论解释多少次,他们仍然感觉像新知识一样。这是由于他们的词汇能力较弱、记忆力较差,但是一旦他们记住了,就会记得很牢固。因此,需要耐心向孩子反复解释知识点并要求他们背诵,这样孩子才会形成长期、准确的记忆。

不利的心理情绪

"学得慢的孩子"的心理情绪也应当受到关注,例如习得性无助[1]、丧失目标、缺乏学习动力与持久力。学业上长期受挫的经历会导致他们的学习自信心和学习动力低下。此外,这些孩子还会表现出焦虑、畏缩、自我价值感较低等特点。这些不利的情绪及行为特点与学习成绩密切相关,当学习成绩进步时,部分情绪及行为特点就会有所好转。

---

[1] 指由于接连受挫而丧失信心,感到自己对于一切都无能为力的无助状态。——译者注

"学得慢"不等于"学习障碍"

一般而言,相比于同龄人,有学习障碍的孩子发育较为迟缓,其发育水平和学习水平与同龄孩子相差 2 年左右。差异主要体现在语文、数学等主科上,在其他一些科目的学习上则往往没有任何问题,甚至在某些科目或领域中还会表现出超乎寻常的天赋。

智力检测结果显示,在代表高层次思考能力的动态推理部分,某些学习障碍儿童的得分非常高。

那么?相比于"学得慢的孩子",有学习障碍的孩子有什么特点呢?

抽象思考能力 & 逻辑思考能力出色

抽象思考能力和逻辑思考能力属于较为复杂的推理能力,是对复杂的内容进行系统化理解时,必不可少的认知能力。

若将"学得慢的孩子"与学习障碍儿童的认知能力相比较,就会发现"学得慢的孩子"在抽象思考及逻辑思考方面往往存在困难,然而学习障碍儿童却唯独在抽象思考及逻辑思考上表现出色。不过,"学得慢的孩子"就算在抽象思考及逻辑思考方面存在先天不足,也是可以通过后天的训练和学习进行改善的。

受环境、情绪的干扰较少

许多情况下,"学得慢的孩子"是由于家庭环境不和睦,或是与父母、兄弟姐妹、朋友的关系出现问题,抑或是抑郁、压力等情绪问题导致自身的潜力得不到发挥,进而影响到了学习成绩。存在考试焦虑、离家出走等品行障碍[①](conduct disorder)也是影响学习成绩的重要因素。因此,当这些外部环境原因、情绪原因得到解决或改善后,"学得慢的孩子"的学习能力及学习成绩也会随之回归正轨。

学习障碍儿童的情况则与之相反。就算他们的智商正常,没有来自情绪、社会、外部环境的问题干扰,在习得必备的学习技能时也常常受挫。哪怕孩子自己也渴望达到好成绩,哪怕老师和家长也都尽心尽力地辅导,孩子的成绩也很难有所起色。

认知能力处于平均水平

基本而言,学习障碍儿童的智力水平处于平均水平,或

---

① 指18岁以前的儿童和少年经常性地明显违反与其年龄相应的社会规范或道德准则的行为,作为诊断依据的行为有:过分好斗或霸道、残忍地对待他人或动物、严重破坏财物、纵火、偷窃、反复撒谎、旷课和离家出走、异乎寻常地频繁大发雷霆等。——译者注

是略低，但他们的学力水平却落后于同龄人2年以上。若一直这样下去，那么平均智商水平也会有所下降。

比如那些智商高于平均水平的孩子在小学低年级阶段没有积累足够的阅读量、在学习上遇到困难，那么他们升入高年级后，智商也会跌落到平均水平的临界值。也就是说，如果孩子从低年级开始，在学习能力上落后于他人，那么孩子在学习实力、认知能力上与同龄人的差距就会越来越大。

经常辨不清方位

学习障碍儿童难以根据地图辨别方向。方位感的欠缺成为他们识字的绊脚石。他们常常分不清汉字里形近的偏旁部首，如"氵"和"冫"、"亻"与"彳"等[①]。

方位感欠缺并不影响眼睛等感觉器官，却与孩子的专注力问题息息相关，因此父母有必要教导孩子如何辨别方位。

修补短板

"学得慢的孩子"通常在任何领域都十分平庸。就基本的智力、心理方面的能力而言，他们就已经与其他同龄人拉开了差距，因此老师和家长在教授这类孩子时会格外吃力。然而，

---

①此处原文为分不清韩语母音中形状相近的"ㅏ"和"ㅓ"、"ㅜ"和"ㅗ"，为方便读者理解，改动为汉字中形近的偏旁部首。——译者注

有一点仍需要注意，那就是"学得慢的孩子"拥有与其他孩子相同的潜力。所以，我们应当从基本的认知能力开始，帮助孩子一点一滴地积累，直到他们的学习速度与同龄孩子比肩。

与之不同的是，学习障碍儿童在不同领域的认知能力存在不均衡的情况。他们既有相当擅长的领域，也有相当笨拙的领域。针对学习障碍儿童，我们需要将重心放在认知能力上，在他们显著欠缺、落后的方面提供指导和帮助。

自主性较好

"学得慢的孩子"在独自学习时，往往需要花费更长的时间。这时，如果孩子的自主性未能得到培养，那么等到孩子升入高中后，自主学习可能就会感到十分吃力，需要他人的帮助才行。

学习障碍儿童的自主性则较为良好，如果从小学低年级开始好好进行指导，那么等到中学八、九年级左右时，孩子就能够做到自主学习。甚至还有一些孩子，在小学高年级时就早已掌握了自学的方法。父母需要首先了解哪些事情是孩子能够独立完成的，然后再有针对性地培养孩子的自主能力。

读得慢的孩子

阅读是一种后天学习

阅读包括单字阅读、单词阅读、语句阅读、语篇阅读理解等,在任意一项上存在困难,都会影响孩子整体的阅读效果。因此,为了能够流畅地阅读,孩子需要具备以下基本的学习能力:

识别、分辨声音的音韵觉察能力,了解声母和韵母及其与之对应的汉字之间的关系的能力,并且能够熟练运用这两种能力。例如,当我们想要说、写某一汉字时,大脑需要识别这一汉字的发音,并知道该发音对应着哪个声母和韵母。

不仅如此,这种认知或知识需要达到高度熟练、下意识完成的程度。因此,在判断一个孩子是否属于"学得慢的孩子"时,要看孩子的基本阅读学习能力所达到的程度。

美国加利福尼亚大学伯克利分校教育系的坎宁安(Cunningham)教授和多伦多大学应用心理学系的基思·斯坦诺维奇(Keith E. Stanovich)教授提出,根据小学一年级学生的阅读水平即可预测他们10年后的读书量和阅读理解、词汇、常识科目的成绩。耶鲁大学医学院的萨莉·施威茨（Sally Shaywitz）博士认为，20%的孩子出现阅读障碍，是因为未能理解字母发声的原理。

阅读是一项只能通过后天习得的学习技能。人类发明文字的历史不过五千年，人类的DNA中不存在与阅读相关的基因编码。人类的大脑皮层中存在语言理解功能区和语言表达功能区，却没有阅读功能区。

如果后天掌握了阅读能力，大脑后颞叶就会出现"单词形成区"，这个区域负责储存与阅读相关单词的拼写、发音、意思，然后进行自动分析，从而实现自动阅读。我们在阅读文章时，要经过一个连续的"文字—声音"转化过程——眼睛首先看到的文字会转化为声音，然后进一步转化为大脑中的声音，并通过这一过程对阅读的内容进行理解。如果看到的文字形状无法转化为相应的声音，也就无法理解所阅读内容的含义。

视知觉问题

我们的两只眼睛各由六块肌肉组成，眼球可以向上下左右移动，也可以进行转动。此外，眼睛的睫状肌还能调节晶状体的厚度。眼睛不仅与视知觉（对于通过视觉接收到的视觉刺激进行认识、辨别和解读的大脑活动）密切相关，还和前庭系统①、本体感受器②、小脑共同配合，影响着我们的运动和行为。

对于孩子来说，被观察的物体只有一个，用来观察的眼睛却有两只。因此，两只眼睛相互协调、配合就显得尤为重要。当我们观察距离书本较近的物体时，双眼视轴的夹角增大，使视线与较近的目标相交，也就是视轴集合（convergence）；观察较远的物体时，视轴的夹角减小，使视线与较远的目标相交，也就是视轴分开（divergence）。由此可见，我们的视线能够沿着相反的方向自如移动，正因为如此，我们才能从左向右、从上向下地逐行阅读。

在阅读一行行的句子时，视线有时也会停留在同一个地方静止不动。然而，如果视线滞留太久，或是经常停滞，就会拉低阅读的速度，还会导致眼睛的追踪能力减弱，使得我们无法辨别读到了哪里，只能倒回头去重新阅读、寻找先前阅读中断的位置。

此外，书上的白纸黑字密密麻麻，纸张是衬托的背景，

---

① 位于人耳内部，传达着视觉、听觉、嗅觉、味觉等信息，是维持人体自身平衡感和空间感的感知系统。——译者注
② 存在于人的体表、内脏器官和深部结构中，能够感受肌肉张力、压力的变化和关节伸展程度，并将这些感受变化的刺激信号转化为神经冲动传入大脑躯体运动中枢，以调节骨骼肌的运动，使人感受到身体位置、姿势的变化。——译者注

阅读时应当集中关注的是文字。如果文字和背景混淆不清，阅读的速度也会相应减慢。另外，如果以少量线索类推整体的视觉控制技能较弱，孩子就无法迅速地理解内容的含义，还会将相似的汉字混淆。如果视知觉记忆力较差，孩子就很难记住每个字的形状，就算在下一页再次遇到同一个汉字，也仍然感到陌生。这时，前后阅读的内容没有得到衔接，只能反复重新阅读。

存在这些问题的"读得慢的孩子"，会在长时间阅读时感到视知觉带来的压力，并由此产生疲劳、头疼等症状。

图画识字法和发音识字法

在教"学得慢的孩子"识字时，应当使用图画识字法，还是发音识字法呢？以图画为中心的语言学习法能够使孩子一扫学习汉字的枯燥，在学习日常生活中常接触的生词的过程中，体会到学习的快乐，还能激起孩子的好奇心，引导孩子自主学习。

图画识字法的优点在于，能够大量学习孩子常接触的字词，让孩子感受到生词如何以文字的形式进行表示。而且，与发音识字法相比，图画识字法能够学到更多的生词。

以发音为中心的语言学习法则相反，它是将文字的形状与发音连接起来形成体系，并让孩子自己也出声跟读、理解并进行记忆。在熟悉一部分字音对照规律后，哪怕遇到没有学过的汉字，也能大致猜到该汉字的读法和含义。

发音学习法的关键在于理解汉字与发音之间的对应关系。

词汇量及背景知识

"读得慢的孩子"一般都存在词汇量的不足。与同龄孩子相比，他们使用的词汇数量更少，说出的句子一般过于简单、短小，与年龄不太相称。如果哪一次说出稍微长一点的句子，其他人也会因为语意晦涩难懂，露出茫然不解的表情。

而且，"读得慢的孩子"就算会读、会写一些字，在阅读理解上也会困难重重。若希望孩子专心致志、心无旁骛地理解书中的内容，并且真正消化吸收书中的内容，就需要一些相关的经验或背景知识做铺垫。

如何获得相关的经验或背景知识呢？首先就是要尽可能地为孩子提供亲身实践的机会。比如带孩子去参观博物馆，如何规划路线、购买车票门票、了解即将参观的场所有什么历史背景……父母可以让孩子自己来完成这些事情。其次，如果书上出现了孩子读不懂的内容，就需要父母来查找资料，帮助孩子理解。当然，孩子自己能够查找资料更好。

如何帮助"读得慢的孩子"?

"读得慢的孩子"的学习过程应当分阶段进行。第一阶段主要熟悉单字与发音的对应关系,第二阶段则对第一阶段已经熟悉过的字音关系进行记忆,第二阶段主要辨别每个字发音的声母与韵母,最后第四阶段则需要反复阅读,提高阅读的流畅度。

帮助孩子建立字—音关系

孩子在日常生活中会接触很多汉字,例如饼干包装纸上的字、路边广告牌上的字,看到这些字的时候,都可以鼓励孩子读一读。这一过程既能让孩子更加了解每个字都有各自对应的读音,还能让孩子体会到自己读出汉字的成就感。父母还可以把这个过程变成一个小游戏,让孩子找一找自己认识传单、画册上的哪些字。

帮助孩子练习视线从左向右移动

"学得慢的孩子"在阅读时,大部分无法做到视线瞬移。他们做不到仔仔细细地逐字阅读,从一行切换到下一行时,也难以衔接,容易出现"断片儿"的情况。这时,就需要提高孩子的视觉注意力,让孩子练习视线从左向右逐字移动。这是为将来正确应对文章中出现生词的情况打下基础。

从看图识字学起

如果只用图画识字法教孩子认识单个汉字,那么在遇到由两个字或三个字组成的生词时,就会有不少孩子无法顺利地读出生词。因此,在教"读得慢的孩子"识字时,可以首先使用图画识字的方法,待到孩子认识一些汉字后,再教给孩子拼音和偏旁部首的原理。"学得慢的孩子"在掌握一定基础的汉字之后,再理解拼音和偏旁部首时就会容易许多。

共同朗读

孩子读得磕磕巴巴,是因为现阶段还无法做到将汉字与发音很好地对应起来,距离进入理解阶段还为时尚早。这时,孩子就需要进行朗读练习,将汉字读得更加熟练。

无论是孩子独自朗读,还是父母与孩子共同朗读,都不要询问孩子对朗读内容的理解。因为这一过程的重点,就是在于完成出声朗读。孩子在小学三年级左右时,父母就应当重视训练孩子出声朗读。因为这时孩子的阅读理解能力较弱,如果单靠眼睛沉默地阅读,就会很难理解阅读的内容。

帮助孩子养成慢慢阅读的习惯

如果孩子读得太快,就算能够不带磕绊地流畅阅读,但是一旦对阅读的内容进行询问，孩子就回答不上来。这时，孩子需要养成慢慢阅读的习惯。如果读得太快，就会漏掉个别字，还有可能将两个字前后颠倒，所以，最好还是在标点符号处进行停顿，休息一下，然后继续读接下来的内容。如果一个句子过长，最好不要一口气读完，而是养成分节的习惯，在需要停顿的地方用铅笔标示画线，这样读起来就容易多了。

让孩子反复朗读同一内容

美国教育学者塞缪尔·柯克（Samuel A. Kirk）提出了"反复朗读"这一方法，即让孩子重复朗读3~4遍含有50~200个生词（不要太难，需符合孩子能够理解的程度）的文章。但是，为了保持孩子的兴趣，父母需要在孩子朗读时，制造不同的朗读环境。例如，第一遍是孩子与父母共同朗读，第二遍是孩子自己朗读，第三遍是饱含感情地朗读，最后一遍则是在家人和朋友面前朗读。当朗读环境发生变化，孩子的朗读兴趣也就不容易消退了。

写得慢的孩子

"写"需要具备的基本能力

写字的动作由姿势（posture）、笔（pencil）和位置（position）三者共同影响，简称3P。

从脑神经功能这一角度来看，写字这一动作需要视觉记忆能力、小肌肉协控能力，以及字音对应能力共同发挥作用。这三者之中，任意一种能力的缺失，都会导致写字困难。

对于"写得慢的孩子"来说，写字就是一件十分困难的事情。首先，握笔姿势别扭，手使不上劲，下笔时总是用劲过猛或过小。其次，每个字的形状各异、大小不齐，字与字之间的距离也掌握得不够好，看起来就像粘在一起一样。此外，他们还可能会出现重复书写、顺序颠倒、缺字漏字、写错别字的情况。

这些问题都与上面提到的三种能力有关。尤其是操控手指所需要的小肌肉运动协控能力出现问题，除了影响写字，还会造成他们行动迟钝、几乎与集体运动无缘。随着年龄的增长，他们的运动能力会更加滞后，带来的结果则是自信心下降。许多孩子不仅难以适应体育课上的活动，还会对自己的身体状况形成负面评价。

如果小肌肉运动协控能力出现问题，往往在学龄前就会有一些信号，表现为无法完成符合年龄水平的活动，例如无法系、解纽扣，或是抓不住球等。

"写"并不仅仅与语文有关，它还是数学、英语等其他科目所必需的学习能力。为了将来的学习着想，小学低年级时一定要打好基础，坚持练字，解决"写得慢"的问题。

写作文存在问题

写作文比写字复杂得多，对思考能力、语言能力等提出较高的要求。"写得慢的孩子"会在拼音、造句、语法等写作技能方面频频出现问题和错误。在写作文时也不会安排文章的布局，经常写下即兴想到的词语或想法，造成语句不通顺，逻辑结构混乱。

这样我们很难清晰地读懂他们想要表达的主旨；或者是他们通过文章表达的主题思想有好几种，相互纠缠在一起很是混乱。有时他们自己也意识到了这个问题，为了避免这些情况，他们更倾向于写短句，用词翻来覆去也就那么几个。可是，这样一来，他们就更加难以认识到自己写作文的方式有什么问题、哪些地方需要改进。而且，这些写作上的问题和困难会一直伴随他们至成年。

如何帮助"写得慢的孩子"？

写字不仅仅需要姿势标准、记清笔画顺序，还需要知道特定汉字的发音，并具备将字与音快速、准确地对号入座的音韵认识能力。写作文更是需要其他更复杂的能力的配合，因此坚持练习非常重要。

分阶段改善手部动作

"写得慢的孩子"做手部相关的活动大多生疏、不熟练，而且并不标准，很多时候父母往往忍不住出手帮忙。但越是这样，越会让孩子觉得自己无法独立完成某件事情，也就越不情愿自己动手。

小肌肉协控能力也与心理的自主性和主动性相关。孩子用自己的手指完成某件事情，是一个认识自己能力的过程。一旦孩子认识到了自己的能力，就会愿意去挑战和尝试。

所以，如果"写得慢的孩子"不愿意动用双手做某件事情时，父母应该从简单的动作开始，引导孩子去完成，再一点点增加难度,逐渐提高水平,千万不要破坏孩子的自主性。经常做做手工、演奏乐器等都能很好地锻炼孩子的动手能力。

让孩子按照正确的笔画顺序写字

在最开始学习写字时,应当着重关注字的形状,并按照正确的笔画顺序练习写字。这一过程能够使孩子深入观察汉字的细节特征,还能帮助孩子认识、辨别不同汉字之间的差异。这样一来,孩子不仅能够认识、熟悉所写的汉字,还能提高视觉注意力。

把字写得能让人看懂

练字的目的是把字写得能够让别人看懂,当然更高的要求是还要写得好看。但这并不意味着是为了别人而练字,孩子练字的目的是更清晰地传达信息。在写字时,如果字迹潦草到其他人都看不懂,那就无法发挥文字传达信息的功能。

抄写童谣和童诗

为了提高写字的熟练度,让孩子抄写童谣、童诗是最有效的办法。小学一年级学年结束后,就可以让孩子抄写起来了。

童谣、童诗较为短小,能够减轻孩子抄写时的心理负担。而且,童谣、童诗中常常反复出现同一个字或同一句子,这能帮助孩子更好地加深记忆。高频出现的拟声拟态词也能丰富孩子的词汇表达。

教给孩子韵律感十足的游戏与歌曲

在写作中,韵律认知和顺序排列也很重要。在孩子小时候,让他多玩韵律感相关的游戏、听韵律感较强的歌曲,有助于增强他的韵律认知和顺序排列能力。通过有节奏的歌曲,来学习像一年十二个月这样有秩序的常见的事物,效果相当好。音乐是帮助提升韵律认知和顺序排列的最佳方式。

给漫画标顺序的游戏也可以培养孩子的顺序感。此外,还可以让孩子演奏一些只要求掌握几种简单节奏的乐器。

算得慢的孩子

孩子算得慢的原因有很多，或是因为缺乏数感，或是因为数的分解不熟练，或是由于注意力不集中。此外，如果孩子的阅读能力、思考能力较差，计算自然也会出现问题。"算得慢的孩子"遇到稍微大一点的数字，就会感到十分头痛；题目稍微有些难度，他们就会打退堂鼓。

数学是一门循序渐进的学科，如果基础没打好，那么学习更高阶的内容时就会感到很吃力。

数感和数的规律

大部分孩子从幼儿时期就会自然而然地习得一些数学的基础概念，也就是我们常说的数感。想要理解基础的数学概念，就要培养数感、了解数的规律。数感建立在理解事物与数字对应关系的基础上，是一种用数字表示事物数量特征的能力。例如，当桌面上放了四个水杯时，我们的脑海中就会浮现出"4"

这个数字。

如果孩子缺乏数感，就难以将事物的数量与数字联系起来，也无法理解数字的排列是有规律的，比如 1 到 10，然后是 11 到 20、21 到 30……自然数列按照差值 1 递增，当某组数字按照某一差值递增或递减时，我们就可以说这组数字排列具有规律性。

对"学得慢的孩子"来说，他们的数感往往不如同龄的其他孩子，脑中也很难形成"数的规律"这一概念，从而影响他们的计算能力。

数的分解

要想理解如何用数字表示事物的数量，就需要具备数感，并且理解数字的规律性。而要通过数字解决日常生活中的各种难题，就离不开数字运算。

以数字 5 和数字 6 为例，数的分解指的就是数字 5 可以拆为 4 和 1，也可以拆为 3 和 2；数字 6 可以拆为 4 和 2，也可以拆为 3 和 3。若想提高运算能力，就需要掌握数字的拆分。尤其是数字 10，可以被拆分成多组不同的数字。只有熟练掌握了数的分解，计算速度才有可能提高。然而，许多"学得慢的孩子"在反复、充分练习数的分解后，仍然无法将其与加减法联系起来进行理解。因此，这些孩子在练习拆分数字时，最好写下相对应的加法算式和减法算式，进一步加深记忆和理解。

有些"学得慢的孩子"在面对具体物品时，能够又快又好地拆分数字；可是当实物撤走后，就不知道该怎么做了。脑力计算对他们来说还有些困难，这时他们可以暂时借助手指进行计数和加法、减法运算。但是这一方法不能长期使用，最终还是应当学会脑力计算。

九九乘法表

"学得慢的孩子"通常记忆力较差，专注力也不如其他同龄孩子。他们也想背得好，却总是做不到，九九乘法表背过一遍后转头就忘得一干二净。

在孩子背诵九九乘法表前，父母需要向他充分讲明白其中的原理，并告诉他九九乘法表在日常生活中的许多方面都能派上用场。

有一个方法能帮助孩子背诵九九乘法表：先从简单的行开始背诵。父母可以引导孩子去发现，第2行、第4行和第8行的数字变化是相似的，可以放在一起背诵。所以，背九九乘法表的顺序可以这样安排：先从第5行开始背诵；接下来是第2行、第4行和第8行；然后才是第3行、第6行和第9行；

第二章

"学得慢的孩子"的十张脸孔

坐不住的孩子

仁浩一直是个活泼好动的孩子。上幼儿园时，仁浩是出了名的调皮捣蛋。升入小学的第一年里，父母倒是没发觉有什么异常；但是等到小学三年级后，仁浩的语文和数学成绩较其他孩子有了较大的差距。

上课时，仁浩只能集中注意力听讲几分钟，然后就开始捣乱，影响周围其他同学听课。课余时间，仁浩也远比其他孩子更好动，因此也经常与其他同学产生摩擦。

这让仁浩的父母也感到十分头痛，但他们并不认为仁浩与别的孩子相比有什么不对劲的地方。

很多家庭里都有一个这样的孩子：格外活泼好动、时刻精力充沛；自己坐不住，经常分心难以集中注意力，也不懂得通过制订计划把事情安排得井井有条；做事时，"延迟满足""先思后行"等能力也存在问题。

像这样"多动"和"容易冲动"的就是"坐不住的孩子"。许多"坐不住的孩子"其实清楚地知道自己应该做什么，却由于缺乏冲动调节能力、行为自制能力，导致"学得慢"的情况时常发生。

如果孩子在学龄前就出现这些问题，且程度较为严重、持续时间较长，就会对孩子的日常生活、成长发育、自尊心、各项机能等方面产生负面影响。不仅如此，这些问题还会长期地、极大地干扰孩子的学习成绩，妨碍孩子对学校生活的适应、对家庭日常准则的遵守、与朋友的长期交往、与家庭成员之间的积极关系等多个方面。

这些问题并不是因为缺乏父母的管教，对其他孩子有效的管教方式，不一定适用于"坐不住的孩子"。如果父母一味照搬他人的管教方式，往往还会适得其反，导致孩子的问题更加严重。

对于"坐不住的孩子"来说，无论是在家里，还是在幼儿园、学校，他们管束自己的行为时会感到十分吃力。因此，他们常常做出这些举动：重复做相同的事情时动作越来越快且不耐烦、不停地制造噪声、抗拒排队等待、粗暴地摔打周围的一切物品。严重的还可能会引发事故，导致受伤等。

尽管如此，只要得到恰当的帮助，"坐不住的孩子"就会懂得如何有效地应对自身的问题。父母不应该只关注孩子存在什么问题、孩子闯了什么祸，而是应当记得，要看到孩子的优点及能力，要鼓起勇气接纳孩子的一切。只有这样，父母与孩子的对话与交流才能持续进行下去。

问题一：冲动行为

冲动行为是"坐不住的孩子"的常见表现之一。孩子进入幼儿园后，冲动行为就开始显露端倪，上课时本应听话地安静坐着，然而"坐不住的孩子"却"总是说话""总是动来动去""好像不理解课堂规定是什么意思"，老师们还可能会向父母反映孩子与其他小朋友很难玩到一起、无论在教室里还是教室外都十分难管。

这些冲动行为会随着孩子年龄的增长而有所收敛，但是语言表达相关的问题却会更加凸显。孩子常常会在别人说话时插话，明明还没轮到自己发言，却突然开口讲话。这时，父母就可能从老师或同班的小朋友们听到他们这样评价自己的孩子：话痨。

对于"坐不住的孩子"，父母本人也会表示：

"根本没个消停的时候。吃不好好吃，睡不好好睡。"

"孩子总是喜欢插话，打断别人讲话。只要有孩子在场，我们根本没法好好聊天。"

"做事冲动，根本不好好考虑一下再做。过马路前应该先停下左右观察，可是我家孩子怎么说都不听，所以我很担心孩子的安全问题。"

"孩子不愿遵守先来后到的秩序。"

"班上的其他小朋友都不喜欢我家孩子。孩子主动接近他们，想和他们交朋友，可是他们没有一个人愿意。"

尤其当孩子升入小学后，孩子的注意力不集中、过于活泼好动、容易冲动等问题就益发凸显；而且父母很快还会发现，哪怕下功夫帮孩子纠正，他能够专注于学习课本的时间仍然很短。

这时，很多父母就会开始心生疑虑：我的孩子是不是"不正常"？如果父母或老师以消极的反应和态度对待这些孩子，就会伤害他们的自尊心，导致他们的行为出现更多问题。比如一些孩子会干脆破罐子破摔，彻底不遵守纪律，把家长跟老师的话当做耳边风。

父母绞尽脑汁也想不明白，自己的孩子出现这些行为，究竟是成长过程中的正常现象，还是因为自己的管教不够严厉。他们迫切地想知道，孩子的这些问题究竟是已经严重到需要特殊的处理，还是会随着孩子长大而有所好转。

一些程度较为严重的孩子还会被确诊为 ADHD，俗称多动症。虽说不停地到处跑跳、容易撞到物品或他人、总是不停地发问"为什么"是儿童的正常表现，但如果孩子总是往别人身上扑、玩闹的时候总爱摔倒、经常磕磕碰碰受伤、不愿意老老实实坐着听故事或玩游戏，父母就要留心孩子是否患有 ADHD。

问题二：学习问题

对于"坐不住的孩子"来说，大多数行为问题在入学后都会有所好转，但是学习方面的问题则会变得更加严重。他们在学习能力上往往表现不佳，而这无关孩子自身的智力水平。

"坐不住的孩子"由于难以长时间集中注意力，因而常常完不成作业，与老师产生积极互动的机会也越来越少。此外，由于在系统化思维、做计划、优先级排序等方面存在困难，他们很难跟上课堂的进度。而且，越是需要长时间投入的作业，他们越是难以完成。

"坐不住的孩子"完成事情的能力极其不稳定，完成情况也会出现较大的波动。有时同样的一件事，前一天还能好好完成，可是第二天却怎么也做不好。有时候，他们在家里反而能集中精神学得很好，反倒是在学校时，哪怕有老师指点，他们的注意力也很容易分散，时间都低效地消磨在学习以外的其他事情上了。

如何帮助"坐不住的孩子"好好学习？

建立奖励机制

奖励机制能够激发孩子的学习动机，因此我们需要予以重视，并积极采用多种方式进行实践。例如，每当孩子完成一项任务时，或是孩子在规定时间内完成计划时，我们可以奖励积分给孩子，累积一定的积分可以兑换奖品。孩子完成任务后，就放手让孩子去做想做的事情，哪怕是孩子想要看电子产品，限定时间即可。如果孩子无法一直专注于应当完成的任务，我们也不要唠叨或催促、命令，而是要用心地去发现孩子的闪光点和每一次微小的进步，并进行表扬。

简洁、清楚地表达要求

若想让孩子按照规则或要求调整自己的行为，首先我们要把这些规则或要求表达得更清楚。我们在跟孩子沟通时，容易陷入两个误区，要么说话特别温柔特别委婉，导致孩子没有办法清晰地抓住要点，搞不清规则和底线；要么则是反过来，孩子不听话时反应过于激烈、冲动，孩子也被拖进负面情绪的旋涡，行为愈发失控。

若想教会"坐不住的孩子"掌控自己的行为，我们就要学会简单、清晰、客观地表达。而且，对孩子讲话时，我们应当看着孩子的眼睛，这样孩子才会将注意力集中到我们所说的内容上来。

表达要求的语气要果断、中立

如果孩子一直不肯改正自己的行为，我们就需要进行惩罚意味的警告，用冷静、柔和的语气，再次干脆、简洁地表达自己的要求。不要表露出你很生气，更不要大吼大叫。比起总是跟孩子说"不要"做什么，直接告诉他们"要"做什么的效果更佳。比如，"不要把玩具丢得到处都是"，改成"把玩具收到收纳筐里"效果会更好。

了解孩子的专注时长

我们应当知道，"坐不住的孩子"能够专注的时长不超过 20 分钟。20 分钟一过，无论孩子已经完成了多少任务，父母都应当走进房间，表扬孩子已经做完了什么，然后让孩子休息一会儿之后继续完成剩下的内容。若想要孩子完成某个功课，我们就需要经常从旁提醒。命令的方式也好，说明的方式也好，尽可能使语句简洁。当旁边有人鼓励或提醒时，"坐不住的孩子"专注于学习的时间就会变得更长。

此外，我们还可以想办法慢慢地延长孩子的专注时长。在孩子完成作业或做其他事情时，观察他能够持续专注多长时间。然后，以此为标准时长，将闹钟或计时器多调 2~3 分钟，观察孩子是否能在闹铃响起前一直保持专注。

减少干扰因素

我们应当尽可能摒除容易吸引孩子注意力的因素。弟弟妹妹边看电视边大笑，哥哥大声外放的音乐，父母隔一会儿问上一句要不要喝水、要不要吃水果，都有可能成为妨碍孩子学习的因素。因此，为了孩子能够保持专注、高效地完成学习任务，我们应当为孩子提供一个安静的学习环境。同样，孩子在准备睡觉或是专心做其他事情时，我们也应当避免周围环境出现干扰因素。

半途而废的孩子

6岁的英镇还在上幼儿园,对一切新鲜事物都拥有强烈的好奇心,什么事情都跃跃欲试。可是,只要兴趣稍有减弱,或是稍微遇到一点阻碍,他就会马上放弃。不管是简单的家务还是幼儿园布置的作业,就连电子游戏、运动等有趣的活动都很难让他坚持到最后。不过,比英镇大3岁的姐姐却能一直专注地坚持把事情做完。看看姐姐,再看看做什么都中途放弃的英镇,父母真是愁得要命。他们担心英镇将来会因为做事缺乏恒心而一无是处,而且,现在的英镇已经不再像小时候那样自信了。

6岁的孩子往往会突然着迷于某样新鲜事物,然后又突然失去兴趣。看到其他小朋友弹钢琴,于是自己也嚷嚷着要学,结果真把孩子送去学钢琴后,孩子自己又不肯学了。看到其他小朋友穿着跆拳道服的样子真帅,于是也缠着父母要去学跆拳道,结果也不过是"三分钟热血"罢了。

学习任何一项技能,都需要大量的重复练习,只有这样,才能提高水平。不可避免的，大量重复的练习会令孩子感到枯燥，有些孩子有足够的内驱力坚持下去，有些孩子能够在老师、父母的鼓励下咬牙坚持，但对于"半途而废的孩子"来说，却很难做到。

必备能力：目标专注能力

若想锻炼孩子持之以恒的能力，关键在于培养孩子对事情的兴趣和动机。孩子就算不好好完成作业，也会一次不落地和小伙伴一起打游戏；就算忘记放学后去辅导班学钢琴，也会记得爸爸妈妈说过要带自己去商场买新出的变形金刚玩具。当孩子被赋予充分的动机，目标专注能力就能得到更好的发挥。当孩子面对学习任务时，我们需要做的就是帮助孩子寻找动机、提升目标专注能力，帮助孩子坚持到最后。

所谓目标专注能力，指的是一旦设定某一目标，就对其他事情不再关注，而是一心向着目标前进。我们之所以能够努力完成长期目标，就是目标专注能力在起作用。如果一个学习跆拳道的孩子为了实现升段的目标而连续6个月坚持练习，那么我们就可以说，这个孩子拥有非常优秀的目标专注能力。一个学习钢琴的孩子为了弹奏出自己喜爱的歌曲而自发地抽出时间练习，这也是目标专注能力优秀的体现。

目标专注能力是伴随孩子终生的实用技能之一。孩子可能没有明确意识到这种能力的重要性，但是父母需要从小帮助孩子培养。例如，帮助还处于蹒跚学步阶段的孩子玩拼图，在他拼不下去时温柔地鼓励他、引导他。在教 6 岁的孩子骑自行车时给予足够的耐心，夸赞他哪怕摔跤了也还在坚持，等等。还可以经常在孩子面前发出这样的感慨："只要肯付出时间、练习和努力，你完全能够学会！"

通过学习某种乐器或某项运动，孩子能从中学习到持之以恒，并且能将这种品质带到学习，或是日常家务等琐碎小事中。

提升目标专注能力的方法

对于 8 岁的恩美来说，每天早晨准备上学的过程真是比登天还难。只是穿一件衣服就要花上好久的时间，吃早饭时也磨磨蹭蹭。妈妈每天早晨都会因为恩美拖拖拉拉而大发脾气："恩美！你的鞋子呢？""怎么还没洗漱完！""快把书包拿过来，把饭盒放进去！"每天都要对恩美重复同样的话，妈妈自己也感到很厌倦，可是她也知道，如果她不这样严厉地催促，恩美上学一定会迟到。

目标专注能力不是与生俱来的，父母需要根据自己孩子的特点，有目的有步骤有方法地去培养孩子的这种能力，并且在实践中，通过某一动机，去激发孩子使用这一能力。

根据研究表明，从 3 岁开始有父母进行语言引导的孩子，在成长到 6 岁后，问题解决能力和目标专注能力都高于没有父母语言引导的孩子。语言引导不仅简单，而且效果立竿见影，是父母最容易选择、也是用得最多的方法。

因为效果立竿见影，就更容易产生更多的正面反馈。当父母与孩子共同阅读一本书，说出某个动物的名字后，孩子能够准确指出对应的是哪种动物时；当孩子被问到年龄后，能够准确地伸出相应数量的手指比画时，父母会意识到自己对于孩子语言能力的发展所起到的辅助作用，从而更有动力继续。

此外，动机赋予也是培养目标专注能力的一种方法。研究表明，当我们完成某一件自己并不想做的事情，却得到自己期待已久的奖励时，目标专注能力就会得到提升。奖励不仅能够抵消我们对于不得不做这件事的负面想法或消极情感，还会激励我们做出积极的行为举动。

我们可以首先引导孩子将需要做的各种事情进行排序，务必把不喜欢的事情放在前面，喜欢的事情放在后面。至于奖励方法，则可以采用积分制，完成目标任务可以得到相应的积分，积分积累到一定数额，孩子就能够得到自己最想拥有的某件东西。这样一来，孩子为了得到更诱人的奖励，就会自发地去攒更多的积分。

然后，再给孩子列一张奖励清单，清单上的奖励一定要包含这两类：一类是孩子通过一个周甚至一个月的努力坚持才能得到的奖励，可以是价格稍贵的大物件儿；一类是孩子坚持一天就能拿到的奖励，可以是价格不贵的小玩意儿。至于具体的奖励物品，既可以是孩子喜欢的小吃、玩具等物质上的奖励，也可以是一次与父母或朋友玩游戏之类的活动奖励。还可以根据孩子的实际情况，制定其他类型的奖励。

有时候奖励机制很难立马见效，因为孩子也会钻空子。比如，孩子会说："妈妈你只是要求下午 5 点 30 分前写完作业，可是却没要求要'好好'写完呀！"所以我们需要将要求定得更具体一些，经过跟孩子的斗智斗勇，完善奖励机制，确保它能取得预期的效果。

想要让孩子饭前帮忙摆摆碗筷，或是做其他家务，可以把它变成游戏的方式，比如来比比谁摆的碗筷最整齐、速度最快，大部分孩子都会很乐意去做，这就属于内在奖励。而学习钢琴、跆拳道、画画等孩子一般都容易中途放弃，但是有些孩子为了得到表扬，也还是愿意继续坚持下去。因此，我们需要辨别，孩子去做某件事情，是因为喜欢这件事本身，还是为了得到夸奖和认可。

弄清楚了这个问题，我们需要做的，就是不要强制孩子，尽量让他做自己喜欢的事情。如果一味地强迫孩子做不喜欢的事情，渐渐地我们自己也会发现："我家孩子怎么学什么都坚持不下去！"而当孩子对某件事怀有兴趣时，我们要学着"聪明"一点，从旁鼓励孩子坚持下去，并将这一智慧也用在教育孩子的其他方面。

如何帮助"半途而废的孩子"好好学习？

短期目标：从简单的事情入手

当孩子做一件事情时，我们可以从旁提供帮助；当孩子完成这件事情时，我们要适时夸奖孩子。比如说，孩子在拼图时，往往都是先从简单的、较大的碎片开始拼起，往后才逐渐增加难度。如果孩子在拼图过程中被卡住，我们也可以用手指一指孩子没找到的那块拼图，并示意孩子这块拼图可以拼在哪里。孩子拼完拼图获得成就感，才会愿意下次去挑战更高难度的任务。

长期目标：从孩子想做的事情入手

比起简单地整理玩具，拼装复杂的乐高①对孩子持之以恒的能力有着更高的要求。但用乐高拼装出一个哈利·波特城堡，无疑对孩子们有着巨大的吸引力。孩子们自己真正愿意做的喜

---

① 一种儿童积木玩具。——译者注

欢做的事情，他们才最有可能坚持下去。当然，过程中他们也可能会遇到一点小麻烦，我们同样可以适当给出小小的提示或线索，帮助孩子完成这个任务，最后给孩子和完成的乐高拍上一张照片作为纪念，也是对他最好的夸奖。

视觉提示任务完成奖励

如果孩子正在为了某个心仪的玩具攒奖励积分，我们可以在孩子的床头或冰箱门贴上这件玩具的照片。视觉提示往往比语言提示更有效果，因为语言提示很容易被孩子当成"唠叨"。有了视觉提示的效果加持，哪怕是做家务这样枯燥的事，孩子也更有动力坚持到最后。

延长专注时间，明确进度反馈

我们为孩子制定目标时，最好把完成目标所需花费的时间控制在几分钟或十几分钟。然后，再逐渐换成耗时更长的任务，这样循序渐进，孩子就能为了完成目标、获得奖励而坚持得更久。此外，奖励积分制也需要给孩子提供明确的进度反馈，可以在存钱罐里放入硬币，或是每当完成一项任务时，就在公告板贴上表示奖励的贴纸、涂色之类的，把目标完成进度一目了然地呈现出来。

帮助孩子克服困难

如果孩子明明想要完成一件事情,却因为遇到困难而萌生放弃的念头,我们要做的不是听孩子诉苦,而是帮助孩子克服困难。我们在鼓励孩子的同时,也要注意适当放慢进度,体贴孩子的辛苦,让孩子休息一下。孩子一次次克服困难、战胜自己的经历,都会使孩子更有信心去应对下一次艰难的挑战。

必要时进行干预

如果我们具体地指出孩子哪方面存在不足,但是无论怎么想办法进行弥补也没什么效果时,就需要对孩子缺乏恒心、半途而废的行为进行强行干预和制止。这是因为,如果孩子从做这件事本身感受不到什么乐趣,只是家长一头热,或者孩子只是为了获得家长的表扬而学习,那么孩子的学习也很难得到根本上的提升。

拖延的孩子

旻秀缺乏时间观念，经常意识不到事情的紧迫性。这一问题为旻秀的生活带来了许多麻烦，尤其是出门前的准备。哪怕要去的地方是喜欢的游乐园，旻秀也会磨磨蹭蹭；如果是医院这种旻秀不愿意去的地方，就更是一场灾难。父母为了让旻秀按时出门，每次要软硬兼施，渐渐也开始感到厌烦。旻秀在学习上倒是没什么困难，学什么东西也很快，就是作业总是爱拖到最后才写。

"拖延的孩子"最常见的行为就是，明知要做的事情却一再拖着不做，明知自己这样不对，却怎么也改不过来。这种拖延行为，会严重地影响到学习。如果想让孩子好好地坐在书桌前，非得父母生气发脾气不可。结果是我们快要被气个半死，孩子却说："我知道了，不是说了会写作业吗？至于这么生气吗？"然后继续坐那儿玩玩具、看书。我们只能在心里暴跳如雷："你知道什么！我看你压根儿不知道！"

所以，父母有必要知道，想要解决孩子的拖延症问题，有几项能力是必须具备的。

必备能力：时间管理能力

时间管理是指将有限的时间进行分配，使自己能够在规定时间内完成任务的能力。这一能力的养成与意识到时间的重要性密切相关。

父母也知道，孩子仅凭自己是做不好时间管理的。因而，许多父母就会替孩子进行时间管理。例如，每次出门前，我们会给孩子留出充足的时间，再来催促孩子收拾好自己、带好必需的用品；我们会告诉孩子，如果睡觉前想要读一本绘本，就需要从几点钟开始准备洗漱上床。

然而，随着孩子逐渐长大，我们也应慢慢地把主动权交还给孩子。从教孩子如何看钟表的时间开始，让孩子自己养成时间观念。哪一天应该运动锻炼，哪一天电视会播出孩子喜欢的节目，都可以让孩子自己来计划、安排时间，必要时从旁提供帮助。当然，最重要的是，让孩子先把必须要做的事情做完，比如作业、家务，再去做自己喜欢的事情。

必备能力：目标管理能力

针对"拖延的孩子"，培养目标管理能力也是非常重要的。目标是完成一件事的必备标尺。同样一件事情让有目标的人来做，完成效果会更好。以马拉松为例，有的选手漫无目标，而有的选手能立下"这次跑完全程的时间要比上次再缩短2分钟"的目标，并为此制订详细的训练计划，明确地了解自己的优点和缺点所在，弥补自己的短板。就最终的结果来看，与那些没有目标的选手相比，这些有目标的选手取得的成绩显然更好。

10岁前孩子的目标管理能力大致可以分为两个发展阶段，其对应的具体表现如下：

时期一：学龄前

△孩子在做游戏时，能够向其他小朋友发号施令；也能够发挥自己的想象力，把游戏设计得更有意思。

△孩子与同伴因为想要某件物品而发生摩擦时，能够请求周围的人帮忙解决问题。

△想要实现某个简单的小目标时，能够尝试多种不同的方法。

时期二：小学低年级

△能够为了实现目标而在有难度的事情上保持专注。

△即使注意力受到干扰，也能够重新集中到所做的事情上来。

△能够为了完成一件事而花上几个小时甚至几天的时间。

那么，怎样才能设立一个好的目标呢？首先，我们需要将目标用清晰而具体的话语表达出来，而不是使用那些笼统、含糊的词。比起"每天阅读"，"每天阅读30分钟"就更加清晰而具体。这样目标才能被记述、被衡量。

其次，目标中应当包含具体的行为动词。比起"努力学习"这个抽象的目标，"每天做1～2页数学题""每周六早晨听30分钟英语""每天练字20分钟"等更加具体地包含了实现目标的行动。

除此以外，我们制定目标也应当从实际出发。如果孩子在上次的听写测验中只得了40分，那么"听写测验拿到90分以上"的目标明显就不合适。正确的做法是：根据孩子目前的成绩水平制定一个稍微高一些的分数目标，也就是这个目标必须是孩子通过努力能够达成的。

最后，制定目标时还需要规定完成的时间期限，以此作为判断孩子是否完成目标的标准。假设我们设立的目标是"每天读书30分钟"，就可以再具体一点，规定从几点到几点是读书时间，并据此制订相应的实际计划。当孩子按照计划一步一步去做，最终完成目标的概率会更高一些。

如何帮助"拖延的孩子"好好学习？

从设立目标入手

参考前面提到的目标管理能力，为孩子设立合理的、具体的、有衡量标准的目标，并且规定达成目标的时间期限。

帮助孩子拆解具体的执行步骤

如果孩子要整理书包，我们可以把这个任务拆解一下，问问孩子："第一步先做什么呢？"孩子往往会思索一下，回答说："第一步要先打开书包，看一看里面都有什么东西。"我们就要予以肯定，并继续引导："很好！那么接下来，你需要把明天用不上的东西拿出来，把明天要用的东西放进去，这时你需要做什么？"等到孩子回答"要看课程表"后，再提示孩子需要按照课程表上的安排——把对应的课本放进书包。重复几次后，孩子就能自己整理书包了。相比命令孩子"快去整理书包"，把整理书包的步骤一一告诉他，是更有效的办法。

善用视觉资料[1]

把制定和完成目标的过程可视化,能让孩子从中感受到无穷的乐趣。琢磨如何将起床、吃饭、刷牙等各种事情安排得井井有条,尤其能让孩子乐在其中。比如可以准备一块可以涂画的白板,方便孩子粘贴写有日程安排的便利贴;白板下方悬挂一个写有"已完成"的回收袋,当某一目标完成后,孩子可以把写有相应日程的小卡片摘下,放到这个袋子里。

给予孩子表扬和奖励

我们需要知道,我们所提出很多的要求,对于"拖延的孩子"来说往往并非易事。如果孩子承受着很大的压力去改变,得到的回报和肯定却微乎其微,那么下次再做同样的事情时,孩子就会使出吃奶的劲儿抗拒。所以同样的,表扬能让孩子获得足够的信心,肯定他们的努力,肯定他们每一次取得的进步,都能给孩子更大的动力。

逐渐降低指导和辅导的频率

对于拖延的孩子,我们最终是要帮助他们自己找到节奏,能够自己安排学习和生活。所以父母需要引导,也需要适时退

---

[1] 以艺术品、展品、图像、照片等视觉艺术作品及相关信息为主要内容的资料。——译者注

出。比如刚开始辅导孩子写作业时，可以全程陪同，让孩子尽量在规定时间内完成作业。一段时间后，观察孩子是否能在我们的指导下写完所有的作业，并在孩子完成作业后，要求孩子重新检查一遍。如果孩子都能完成得很好，那么下次孩子写作业时，我们只提醒孩子写作业的时间到了，就不需要全程陪同了。只有这样，孩子才能顺利过渡到下一阶段，在没有父母辅导的情况下也能独自完成作业。

随心所欲的孩子

智允是一名二年级的小学生，非常活泼开朗。可是，邻居家里都没有和智允同龄的孩子，而智允的小伙伴又都住得很远，因此智允如果想在周末和小伙伴一起玩耍，就只能邀请小伙伴大老远地来家里做客，或是智允到对方家里去玩。智允的妈妈不忙时，也会欣然把智允送到同龄小伙伴家里。可是，智允在去小伙伴家里做客前，既不会提前询问小伙伴是否有其他安排，也不会考虑妈妈忙不忙、是否有时间送自己过去。

结果，智允越来越多地遇到这种情况：周末早晨起床后临时决定去小伙伴家里，可是小伙伴却有其他安排，妈妈也有事要忙，没时间送自己过去。每当这时，智允就只能闷在家里、无所事事。到了星期一，智允来到学校，其他同学都在兴奋地讨论着自己周末做了什么，智允却有一种自己被孤立的感觉。为此，妈妈不知道唠叨过多少次，让智允一定要提前做计划，智允虽然认可妈妈的话，但总是很快将做计划忘到脑后。

在上述案例中，如果智允能够考虑到小伙伴和妈妈的日程安排，提前做好周末计划，就不会出现与小伙伴时间不凑巧的情况，也不会在周末一个人无聊透顶，更不会在上学后产生被孤立在外的感觉。像智允这样的孩子如果想积极地策划与小伙伴们一起聚会，并在聚会上担任主导角色，平时在家里就应当多进行"结果预测"与"做计划"方面的训练。

必备能力：结果预测能力

所谓结果预测能力，指的是能够提前预测事情结果的能力。比如，在用玩具积木搭城堡前，脑海中能够勾画出完成后的城堡画面；在举手回答老师的提问前，能够推断出问题的答案；在穿新衣服前，能够预想到同学们的反应……这些都属于结果预测能力的范畴。

在学习上，结果预测也是一种十分重要的能力。只有能够预测结果，才能有所准备和防范，才能在朝着错误的方向前行时及时作出调整。为了迎接考试而制订计划、按时写完作业都离不开结果预测能力。在这一能力的驱使下，孩子会自然而然地产生诸如此类的念头："我得再学一点""我得加快速度""我还需要多做一些准备"。

必备能力：做计划及优先级排序

当孩子能够较好地运用结果预测能力，那么就能做计划，并将计划中的各个事项按照优先级进行排序。在遇到问题时，孩子也能够主动和慎重地探讨解决的方法。"哪种方法最好？""我能用哪些方法？""如果这种方法不行，还可以用什么方法？"这一系列的发问背后，实际也是在做计划以及对其进行优先级排序。

做计划以及优先级排序能够帮助孩子更好地完成手头的任务、达到最终的目标，还能帮助孩子厘清最重要的事项。无论是像饭前摆放碗筷这样的日常小事，还是开始学习一门新课程或提高自己的学习成绩这样的长期任务，做计划以及优先级排序都是必不可少的重要能力。

10 岁前孩子具备这一能力的具体表现如下：

时期一：学龄前
△结束一件事情或参加完一项活动后，能够直接开始做下一件事情。
△能够遵循并完成他人制订的计划或简单流程。
△能够完成包含一项以上步骤的事情。

时期二：小学低年级

△能够完成包含 2 ~ 3 项步骤的事情。

△能够为了买到心仪的平价玩具而赚钱或攒钱。

△能够在他人的帮助下完成包含 2 ~ 3 项步骤的作业。（例如：读完一本书并写读后感）

如果孩子具备这两种能力，那么无论遇到任何事情，孩子都不会意气用事，而是花一些时间思索可行的解决方案，然后再采取行动。然而，"随心所欲的孩子"大多沉不住气，想到什么就会径直去做，他们不愿意慢下来思考，也不愿意深思熟虑、探索可行的解决方案，更不会从诸多方案中探讨最优解，也不会选择一两个次优解作为 Plan B，以应对 Plan A 失败的情况。

如何帮助"随心所欲的孩子"好好学习？

与孩子共同做计划

比起让孩子自己做计划和一手包办，邀请孩子共同做计划是更好的方式。首先将计划的内容在纸上逐一写出，或是绘制一张待办事项清单（check list），孩子每完成一项就在后面的方格里打"√"。要让孩子尽可能地参与制订计划的过程，我们可以先进行示范，然后问问孩子："先做哪件事？然后再做哪件事？"接下来再根据孩子的回答，将每一个事项或步骤写下来。

让孩子先为喜欢的事情做计划

让孩子为自己喜欢的事情做计划，是短时间内提高做计划能力的有效方式。例如，比起让孩子计划整理房间，倒不如让孩子计划拼装玩具，这样孩子会更加积极地参与其中。制订学习计划也是同样的道理。孩子写作业时，先让孩子从喜欢的科目开始做计划。如果孩子在语文和数学两个科目中更喜欢语文，那就让孩子先制订写语文作业的计划吧。

多询问孩子"先做哪件事情"

在日常生活中，我们可以经常这样询问孩子："先做哪件事情呢？"通过这种方式，培养孩子优先级排序的能力。"今天要做的事情当中，哪件事情最重要呢？"反复强调这个问题，孩子就会有意识地从最重要的事情开始做起。

用积极向上的话语指导、督促孩子

在孩子履行计划前，我们首先要确保孩子是否有能力开始、并且完成这件事情。如果孩子本身不具备这样的能力，那么就有必要督促孩子认真执行计划。在这一过程中，我们不要批评、指责，而是用积极向上的话语指导、督促孩子。例如，与"你怎么能这么做！"相比，"这样做比较好，你试试看！"或者"你不是做得很好嘛！这件事能做好，那么那件事也肯定没问题！"的说话方式就会好很多。

在活动中培养能力

让孩子多多参与学校举办的各项活动，在与其他同学一起参加活动的过程中，孩子做计划的能力就会自然而然得到提高。如果周末有家庭活动，也可以让孩子来安排，什么时间、什么地点、用什么交通工具、要准备一些什么物品等。

无法专注的孩子

小柳是一名小学二年级的学生，可是上学却让他感到十分痛苦。其他同学都能自己安安静静地学习，可是在小柳看来，学习并没有什么用处。不过，小柳非常聪明，尽管经常完不成作业，却能掌握课堂上的内容。

上课之外的其他事情，小柳都能完成得很好。其他同学解不出的难题，小柳也会主动帮忙。可是，轮到自己学习时，小柳却一点劲头都没有。在家里学习时，小柳只能坚持 10～15 分钟，然后就会忍不住坐到电视前，开始看有趣的电视节目。

专注力是指能够不受干扰因素的影响、专心于自己所做事情的能力。拥有专注力的孩子，无论何时都能够隔绝外界的干扰，在学校时能够专心听讲，在家里时能够专心写作业。如果不可避免地受到了干扰因素的影响，他们也会尽快让自己回到正轨，继续做原先被打断的事情。反之，专注力较差的孩子，就会什么事情都想做一做，往往上一件事情还没完成，就已经开始做下一件事情了。如果让他们学习，他们也许会每 5 分钟喊一次爸爸妈妈，或是找借口去做其他与学习无关的事情。

不过，就算是被评价为"没有学习欲望""缺乏专注能力"的孩子，在对待自己真心想做的事情时，也能做到全神贯注。你看那些在游乐园里的孩子，在玩跷跷板、堆沙子时，都可以专心、认真地玩上好久。因此，孩子的专注力总体上取决于孩子对所做的事情本身持有多少兴趣。

必备能力：专注力

仅能够专注于自己所喜欢的事情，并不足以称之为专注力，它还应该包括孩子在对待学校课程、作业、家务等自己并不感兴趣，或是具备一定难度的活动时，也能保持专注的能力。

10岁前孩子具备专注力的具体表现如下：

时期一：学龄前
△能够完成花费时间在5分钟左右的家务。
△小组活动期间能够一直坐在座位上。
△能够坐着听完1~2则故事。

时期二：小学低年级
△能够在20~30分钟内完成作业。

△ 能够完成花费时间在 15～20 分钟左右的家务。

△ 吃饭时能够老老实实坐在椅子上。

如何帮助"无法专注的孩子"好好学习？

让学习变得更加有趣

我们可以尝试用比赛、游戏的方式布置学习任务。孩子专注与否，归根结底在于孩子与所做的事情是否合拍。当学习任务变得生动有趣起来，孩子就会发挥出极大的专注力，表现出强烈的学习欲望。当孩子想要做一件事情并投入其中时，专注能力自然而然地就会施展出来。

从旁看顾和督促孩子

当身旁有人鼓励或提醒自己专心学习时，孩子能够坚持学习的时长更久。因此，孩子写作业时，我们也可以拿一本书在孩子身边阅读，这样既可以让我们自己的时间过得更加充实，也可以帮助和督促孩子更加专心地完成作业。

如果孩子无法专心学习，也不要唠叨或呵斥孩子，而是要对孩子表现出的努力进行鼓励和表扬。而当孩子开始尝试独自学习时，父母应当逐渐减少对孩子学习过程的干预，但是也应当在接下来的一年时间内，以相似的标准继续照看孩子的学习。这样的强化阶段只有坚持一年左右，孩子的专注能力才能得到长期性的提升。

延长孩子的专注时长

我们可以根据孩子能够保持专注的时长，将学习任务量进行相应的分割，并设定计时器，这样孩子的学习效果会更好。留心测算一下孩子在做家务、写作业时，能够持续不中断地专注多长时间。测定好时长后，再以此为标准，将计时器的时长调长 2~3 分钟，看一看孩子能否在计时器响起前一直保持专注。这一方式能够有效地延长孩子的专注时长。

使用一目了然的计时装置

我们可以使用番茄钟、闹钟或其他计时器，为孩子制定语文、数学、英语等每门科目的待办事项清单后，在计时器上调整相应的学习时长。如果孩子能够在规定时长内完成学习任务，就好好地夸夸他。接下来的这一步很重要，在白板或纸上记录孩子完成任务所用的时长，并放在醒目的位置，让孩子能从中收获成就感，进而转化为继续坚持的动力。

灵活运用奖励机制

若想使用奖励机制激发孩子的学习动机，那么奖励必须足够诱人，而且种类要多，奖励的次数也不能太少，如何设计这个奖励体系，就非常考验父母们的智慧。首先，当孩子完成学习任务后，允许孩子做自己想做的事情，这是最基本的奖励。其次，奖励贴纸和愿望清单也是简单实用的方法。每当孩子完成一项任务，或是在规定时间内结束学习时，我们可以奖励孩子一张贴纸；当孩子手中的贴纸积攒到一定数量时，就可以兑换愿望清单上的一项自己想做的事情。

打造适合孩子学习的环境

首先，我们要让孩子遵守每天的时间表。起床、吃饭、洗澡、上学、睡觉都要遵守时间表上的时间。孩子也可以使用电子产品，但是要限制时间，并在看得见的地方摆上计时器，提醒孩子注意使用时长。

其次，孩子写作业时，把可能干扰孩子注意力的物品全部移开。孩子上学要用的物品，也要分门别类整理清楚，并放置在固定的地方。最开始我们可以帮助孩子整理，慢慢地让孩子养成习惯，自己完成这项任务。

再次，可以用文字或表格的形式，将学校布置的作业以及其他待完成的事项罗列清楚，放在显眼的地方提醒孩子，这样他就不容易丢三落四。

如果孩子不配合，我们可以直视孩子的眼睛，将要求再次重复一遍。

性格迟钝的孩子

曾提出"相对论"的著名物理学家爱因斯坦小时候很晚才学会说话,他的父母甚至曾为此带他看过医生。好不容易学会说话,爱因斯坦又因为说话总是慢吞吞,经常被其他孩子嘲笑。发明大王爱迪生则由于好奇心过于旺盛,经常做出一些异于常人的举动,提出奇奇怪怪的问题,因此小学上了3个月就被劝退学了。

尽管如此,比同龄孩子迟钝的爱因斯坦和"怪胎"爱迪生却是"大器晚成者(late bloomer)",他们都为人类的发展作出了卓越的贡献。大器晚成者之所以能够"成器",是因为他们具备一种很重要的能力——自主性。自主性的形成,则离不开父母的情绪支持和信赖。

有些孩子属于天生性格迟钝,他们从表面看不怎么积极主动,似乎很难取得什么进步,然而如果论起内心的成长,他们并不输给其他同龄人。他们常常能够细致入微地观察周围的环境,调节自身的能量;还能够在需要时专注于一件事情,并且完成得很好。

为什么"性格迟钝的孩子"学得慢?

如果孩子吃早饭的速度太慢,那么接下来的行程都会受到影响,出门上学就会晚,还可能因为上课迟到而受到老师的批评,那么一整天的学习状态也会受到影响。如果孩子写字的速度太慢,就会在听写测验时感到吃力,成绩自然也不佳。只要一个环节慢,就会产生连锁反应,造成学习效果不佳。这些问题常发生在男生身上,尤其是小学低年级的男生。

"性格迟钝的孩子"也会鼓足干劲想要学习,可是他们对于奖励的感知却十分迟钝。大多数孩子期待得到奖励时,大脑中的腹侧被盖区(Ventral tegmental area)和伏隔核(nucleus accumbens)等与多巴胺分泌相关的区域就会刺激产生相应的动机。然而,"性格迟钝的孩子"的这些大脑区域对于奖励的活跃度较低,导致他们很少因为奖励而去做某件事,即便做了,也缺乏持久力。而只有具备较强的持久力,才能在遇到难题时激发出顽强的意志,直至将难题攻克。因为缺乏持久力,"性格迟钝的孩子"遇到难题时容易失去耐心,往往坚持不到最后就中途放弃。如此恶性循环,他们的学习速度只会越来越慢。

如果"性格迟钝的孩子"不想写作业,或是不想做什么事情时，就会将事情一再拖延。他们经常磨磨蹭蹭，直到很晚时才开始动笔写作业，往往作业还没完成，自己就困得不行了，最后只会让自己陷入手忙脚乱的窘迫境地。所以很多时候，他们不是"做不好"，而是"不愿做"。

相反，"性格迟钝的孩子"表现出更喜欢吃饭、睡觉这样悠闲自在的活动，并能从中获得安逸的享受。有时，他们由于过度追求舒适，不可避免会出现懒惰或消极的倾向，对待学习懒惰，遇到困难也无动于衷，认为"困难自己就会解决"或是"会有别人来解决困难"。尤其是当他们拥有的可支配时间越多，越容易磨磨蹭蹭。且由于缺乏胜负欲或成功欲，他们无论是考试还是玩游戏，都不太会认真投入，只想随随便便应付一下就赶紧抽身离开，因此总会出不少漏洞或失误。

如果你的孩子是"性格迟钝的孩子"，那么在教育孩子时请一定要记住这两点：第一，奖励对孩子没有诱惑力；第二，孩子做事缺乏持久力。

如何帮助"性格迟钝的孩子"好好学习？

作为父母，我们需要学会等待。等待并不意味着将自己置身于被动的处境，也不是对于孩子的一切事情都撒手不管、袖手旁观，而是指在观察孩子自然成长的过程中更有耐心。等待,是为了让我们不再局限于"只有我家孩子落后吗""只有我家孩子停滞不前吗"的焦虑,而是着眼于孩子的未来,将目光放得更加长远。

孩子认真做功课时,我们非必要不干涉。一旦"性格迟钝的孩子"转变态度,全身心投入一件事情中,就会埋头持续很长时间,而这时如果我们贸然干预,孩子就会失去目标焦点,又回到拖延磨蹭的状态。在任何事情上,我们都不要对孩子一下子要求太多,而且在孩子做事时,不要指手画脚,也不要贸然干涉。

尽可能将变化减少到最小

如果你的孩子是"性格迟钝的孩子",那么请不要按着孩子的头强迫他发现什么或学习什么。对于他们来说,在悠闲玩耍时,更能放开手脚去探索。

孩子在做事情的过程中,大脑会十分活跃,因为大脑除了要专注于当下的事情,还要努力抑制与所做事情无关的活动。孩子之所以行动迟钝,也是因为他们往往习惯于谨慎思考过后才做出行动。而当孩子身处在放松、舒适的状态下,大脑就不必因为集中于某件事或某项活动而强行抑制其他模式的开启,孩子的创造力也就得以发挥和施展。

也因此,家有"性格迟钝的孩子",按部就班是比较适用的一条原则,不要一次性带给他太多的变化,也尽量不要带他去与平时完全不一样的环境，既定的事项与日程尽可能保持不变。如果接下来有新的任务，也要提前告诉孩子。当然，生活跟学习不可能一成不变，我们也需要向孩子演示如何应对新情况，让他慢慢适应，学会处理。

养成规律学习的习惯

我们可以看到，"性格迟钝的孩子"一旦被安排在有规律的模式之中，他们往往更倾向于顺从这一模式；而且任何事情，一旦形成习惯之后，他们会做得更好。基于这一特点，在面对学习时，我们就需要协助孩子养成每天在同一时间、同一地点学习的规律。明确每天的日程安排，把每日必做的事情固定下来，同时督促孩子完成当天要做的事情，做到"今日事今日毕"。

提前做好准备

除了学习，日常生活也尽量帮助孩子做好日程表，并且根据孩子的特点，多留点余量。比如在孩子上学前，留出足够的时间给孩子穿衣服、穿鞋。如果需要给孩子准备便当，就做一些孩子吃起来比较快的食物；如果学校提供午饭，那么提醒孩子吃多少拿多少。

在制定日程表时，最好让孩子一起来参与，与孩子愉快地讨论并修改计划表，确保最后得到的日程表孩子愿意去执行。

当然，孩子仍然需要一段时间来自主地执行这个日程表，所以在这期间，我们仍然需要从旁提供一定的管教。

通过表扬培养孩子的自尊心

虽然"性格迟钝的孩子"对于奖励的反应比较迟钝，但他们却十分看重来自他人的认可和理解，而且他们往往表现得对周围人的看法毫不在意，其实只要有人想要了解他们，哪怕是关注到他们、喊他们的名字时，他们就会非常开心。因此，用表扬的方式能够有效地帮助这一类孩子建立自尊心。当孩子有进步时，及时送上表扬。

给孩子留出时间做自己喜欢的事情

"性格迟钝的孩子"对于自己不感兴趣的事情漠不关心，但对于自己喜欢的事情，则会不可自拔地沉浸其中。因此，在小学低年级时，让孩子尝试专注于自己能做好的一两件事情上，让他自己意识到"原来我也能做得很好"。这非常重要，因为孩子做好这一件事情，就有信心做好下一件事情。在自己备受认可的良性环境中成长的孩子，有耐心、有自制力、有勇气，他们内心才能平静且充实，哪怕是"性格迟钝的孩子"，也会迎来"大器晚成"的那一天。

从主导位置退出

为了让孩子能够自主学习，不磨蹭、不拖延，我们需要适当进行一些辅助，包括让孩子反思自己的拖延是否出于一时冲动，并且让孩子意识到拖延带给自己的后果；然后就是教会孩子把所需要做的事情排列优先顺序，并对每件事情负责。

但我们需要注意的是，我们只是辅助者，我们可以积极地介入，但主导权仍然在孩子手中。根据目前的经验来看，当父母必须对孩子的学习提供帮助时，有节制地进行帮助是最好的。一旦你察觉到自己作为辅助者，却居于主导地位，那么请你立刻、马上停止自己的行为，不要犹豫。

高敏感的孩子

泰妍正在上小学二年级，她上课时非常容易被其他的声音、或是环境里某些细微的变化所影响，所以学习成绩不太理想。她在生活细节上也比较敏感，身上的衣服只要脏了一点儿，就必须脱下来马上换掉。泰妍在美术上表现出极高的才华，而且对昆虫非常感兴趣，与其他同学也相处得很好。

"高敏感的孩子"是指那些对周围环境和自身感受特别敏感的孩子，他们极容易受到周围环境的影响，比如个人物品或房间陈设不合心意，他们就会感到别扭。他们高度关注周围的其他人，因而经常注意力散漫、不专心。如果在学习时听到父母在聊天，他们就会放下手中的学习任务，跑来一起聊天。他们非常注重人际关系，也十分看重他人提出的意见。然而，外界的批评有时会让他们感到受伤；与朋友交往时，他们也时常成为受伤的一方。

为什么"高敏感的孩子"学得慢？

经常容易走神

"高敏感的孩子"对周围环境中的细节非常敏感，能感知到非常细微的变化，因此也很容易分心。比如数学题做到一半，注意力就溜到其他事情上，等到重新回过神来，下一步的思路已经衔接不上，这时他们益发失去耐心。这往往导致父母火冒三丈："你这是怎么了？继续写呀！""这么简单都做错了，你脑子里究竟在想什么！"

而且只要一得空，他们就会发呆走神、想入非非。这种蜗牛般的学习速度，常常令人误认为他们很懒惰。

情绪波动大

"高敏感的孩子"容易陷入情绪的旋涡，因为一点小事或者小挫折就难过、生气，看待事情也往往会先看到消极的一面，而不是积极的一面。在学习遇到困难时，不是想办法解决问题，而是陷入自怨自艾的情绪里出不来。因为一些小事被老师批评时，也容易陷入自我怀疑，觉得自己做不到、不够好，进而影响学习的动力。

听觉注意力较差

我们可以着重观察孩子在课堂讨论、小组活动、一对一咨询时，是否能够很好地理解他人提出的问题。"高敏感的孩子"语言接收能力较弱，往往会反问对方"你说什么？""这句话是什么意思？"，要求对方反复解释话语的含义。有时，他们也会直接放弃："我不知道你在说什么。"如果孩子无法听懂并理解他人在说什么，我们可以将讲话内容用图表、图画、模型、表演等视觉方式重新呈现，孩子就会恍然大悟。

如何帮助"高敏感的孩子"好好学习？

接纳孩子的情绪

"高敏感的孩子"的情绪起伏较大，他们一时细腻温柔，一时狂风骤雨。接受这一点，我们才能更冷静地应对孩子的情绪变化。当孩子的情绪表现得较为激烈时，不要企图强行扭转孩子的情绪，"以暴制暴"，而是去接纳和倾听孩子的想法。有时候即便你什么都不做，仅仅是安静地倾听，都能够让孩子的情绪平息下来，这样他才有更好的状态进入学习。

适当表扬

"高敏感的孩子"喜欢被表扬，但是表扬他们也是有方法的，每次管教孩子时，最好先表扬一下他们的优点，然后再指出他们哪里做得不够好，可以提升，最后再次以表扬收尾。这也就是俗称的，为了这点醋，包一顿饺子，孩子才愿意吃。

打造专注的学习环境

各种噪声、乱七八糟的书桌，都是妨碍孩子专注学习的因素。对于"高敏感的孩子"来说，这些因素尤其容易让他们分心，我们必须将这些因素的影响降到最低，在书桌上不放任何与学习无关的物品，父母也不要在孩子学习时看电视或大声聊天，尽可能地给孩子创造一个能够专注学习的环境。

同时，教会孩子如何自己去打造这个专注学习的生态系统，比如可以用荧光笔或彩笔将知识点醒目地标注出来，将核心知识点绘制成思维导图，把多个知识点衔接起来，集中分类、整理。

培养孩子的推理能力和思考能力

"高敏感的孩子"往往比较感性，在逻辑思维能力上就有所欠缺。培养孩子的推理能力是一个比较大的话题，但对于父母来说，最重要的是不要剥夺孩子表达自己想法的机会，哪怕孩子思考的方向错了，也没关系。同时，在生活中，尽量跟孩子一起去探索事物运行的逻辑。比如家里的灯坏了，要怎么修，是什么原因，都可以跟孩子说一说，画一画。或是让孩子围绕一个主题做一个调查报告，比如"调查日常生活中能够减少传染病传播的做法"。当然，开始只需要给他们一个最基础的报告模板，剩下的内容就交给孩子自由思考、自由发挥吧。

放大孩子的优点

"高敏感的孩子"在自己感兴趣的领域往往有着超出一般孩子的天分，比如前面提到的绘画、写作等。父母要尽可能提供支持，让孩子能够充分发挥所长。有了"我能行""我可以"的这种自我效能感[1]，他们也更有信心去挑战其他的领域，在学习上也做到"我能行"！

---

[1] 指个体对自己是否有能力完成某一行为的自信程度。——译者注

没有养成好习惯的孩子

一家金融公司选取了 400 位身家超过 10 亿资产的成功人士,对他们的生活习惯进行了调查。结果显示,这些人的平均起床时间为早晨 6 点 18 分,平均睡觉时间是晚上 11 点。也就是说,大多数成功人士都有早睡早起的习惯。此外,其中 67.5% 的人每周至少去一次健身房锻炼身体,而且固定在一周之中的同一天和同一时间段。81.2% 的人每年会定期至少进行一次体检。

习惯的力量

孩子会在某些时候有意识地形成某种习惯,并在之后无意识地进行重复。习惯由特定情况下无意识受到的刺激而形成,我们在习惯面前几乎不需要任何约束力,也无力掌控导致这种习惯形成的情绪因素。

研究发现,与非习惯性的行为相比,更多人不知道自己为什么会习惯性地做出一些行为；还有人认为，习惯性的行为比非习惯性的行为受到个人情况及周围其他人的影响更小。

有一项关于习惯的试验，工作人员安排多名美籍亚裔受试者参加数学考试，并在考试前向一组受试者展示了一些与亚裔刻板印象相关的词语。这些单词在屏幕上滑动显示，每个词语的显示时间不超过 1/10 秒。尽管这一时长不足以让受试者能够有意识地理解词语的内容，但对于无意识认知却已足够。这些词语包括"亚洲""唐人街"等。作为对照，工作人员向另一组受试者展示的是与亚裔刻板印象无关的词语。试验结果显示，第一组受试者在做数学题时表现得更加努力，对于亚裔的刻板印象激起了第一组受试者更加发愤图强的意志和决心，也就是说，思想的习惯激发出了行为的习惯。

美国著名的心理学家威廉·詹姆斯（William James）曾说过："我们的一生，不过是无数习惯的总和。"父母以为孩子每天一个又一个选择是经过慎重考虑之后而做出，然而实际上，孩子所做出的大部分选择皆是出于习惯。一个个微小的习惯本身并没有什么重大的意义，但是每天吃什么食物、多久运动一次、如何整理家务、对孩子的说话方式、看多长时间电视、什么时候上床睡觉等，最终会对我们的健康、生产力以及孩子的学习习惯和幸福指数产生相当大的影响。美国杜克大学的一项研究表明，我们每天 40% 的行为都并非来自深思熟虑，而是出于习惯。

知名心理学家温迪·伍德（Wendy Wood）有一项调查研究，以学生为对象调查他们形成习惯性的行为所需要的时间。上课、读书、去图书馆等行为占据了被调查对象全部日常行为的 32%，且其中约有 1/3 的行为属于习惯性的行为。

其次占比最多的是娱乐行为。被调查对象将 14% 的非睡眠时间花在了娱乐活动上，包括看电视、上网、听音乐等，其中约有 54% 属于习惯性的行为。

接下来，则是位列其后的社会行为，占据非睡眠时间的 10%，约有 47% 的社会行为属于习惯性的行为。在习惯性的行为中，"打扫卫生"这一项占比最低，仅有 21%；"入睡"和"起床"占比最高，足有 81%。

如何帮助"学得慢的孩子"养成习惯？

我们需要铭记一点，那就是行为治疗（包括父母训练在内）只有适当、适度、长期坚持才会见效。父母如果学到了有效的方法，但是却不能一直坚持的话，孩子的行为即使出现改善，也难以维持长久。因此，不要看到孩子一有了进步，我们就开始松动，而是要继续坚持下去。

当我们感到厌倦和失望时，当我们根本不知该从何处入手时，就想想孩子吧。如果没有我们的帮助，孩子靠自己只会更加吃力。因此，我们要积极乐观，必要时可寻求专业人士的帮助。有许多优秀的项目能够为父母提供帮助和有益的方法，帮助孩子稳固已经取得的进步，防止倒退的情况发生。

良好的习惯一旦养成，接下来的一切就容易多了。每天清晨，孩子不用再无休无止地做思想斗争就能积极主动地起床，吃健康的早餐，主动锻炼身体。这些对自身有益的事情，几乎毫不费力就可以完成。在实现这一切之前，父母的作用举足轻重——父母的思维方式、说话方式、饮食习惯、睡眠习惯，都会对孩子起到榜样的作用。

心急吃不了热豆腐

如果父母迫切地希望孩子的行为马上出现变化，结果往往是迎来更大的失望；而如果父母慢慢悠悠地坐等孩子"改邪归正"，结果往往也是不尽人意。要想成功地改变孩子的习惯，父母需要耐心，也需要方法。习惯是在一次次重复中慢慢建立的，这需要时间，也需要父母不厌其烦地引导。

尤其需要父母重视的一点是，哪怕孩子经过长时间的努力逐渐养成了新的习惯，但是已经刻在身体里的旧习惯也仍会继续存在。父母不要对此过度反应，而是要明白当新习惯与旧习惯同时存在，孩子与父母、朋友或周围环境才能继续维持从前的关系，才不会给孩子带来巨大的压力。

在新环境里改变习惯

如果我们希望孩子少看电视、多运动,那么尝试在新环境里帮助孩子养成习惯,成功率会更高一些。这是因为,新环境无法发出触发旧习惯的信号。没有了特定的信号,旧习惯自然也就不能自发地启动,而是会受到我们的意识的指示和控制。因此,当孩子来到一个新环境,就会感到自己像在旅行,这种感受会持续相当长一段时间。离开了自己所熟悉的日常生活环境后,孩子就会有意识地思考和注意自己的一言一行,这也是建立起新习惯的绝佳时机。

让孩子意识到自己的习惯

若想改变孩子的习惯,首先要让孩子意识到自己的习惯是什么。我们可以把孩子的习惯拍摄成视频,让孩子通过视频来反思这一习惯形成的内在因素及外在因素。不管是好习惯还是坏习惯,只要孩子能够意识到自己的习惯、思考自己的习惯,对于改善习惯就会有帮助。这一动作的关键,在于意识到何种情况下会触发习惯。如果孩子意识不到自己的习惯在什么时间、什么情况下出现,那么想要改变也不会太容易。

用"要做什么"替代"不做什么"

若想改掉孩子的习惯,一味地制止他们,告诫他们不要做什么,往往收效甚微。我们需要做的,是告诉他们要做什么,用新的行为模式去替代旧的行为习惯。例如,患有妥瑞氏症①的人会不由自主地做出眨眼睛、摇头晃脑的动作,为了改善这种行为,我们可以让孩子学习一些缓解颈部肌肉紧张的动作。再比如,如果孩子打呼噜,那么可以让孩子只要一有时间,就练习用嘴巴做深呼吸,这样打呼噜的习惯就会慢慢得到改善。

从小习惯入手

不要轻视每一个微小的习惯的力量,只要有意愿做出改变,并且付诸行动,小习惯终究会带给我们大的改变。想要一次性改掉孩子所有的坏习惯,毕其功于一役并不现实,反而会令我们精疲力竭。但养成一个小习惯就容易多了,既照顾了孩子的情绪,也照顾了孩子的大脑,不至于给孩子过大的压力,孩子也更容易每天坚持。同一件事情重复三四遍之后,做起来会越来越容易,孩子自己也会愿意主动继续做下去。

坚持比数量更重要

我们不要奢望孩子达成多少个远大目标,而是要将期待与精力全部放在"坚持"这件事上。坚持是人之一生最大的利器,坚持才是将行为扎根变成习惯的唯一途径。只有每天坚持

---

① 又称作抽动障碍,患者会做出抽搐、眨眼睛、噘嘴巴、装鬼脸、脸部扭曲、耸肩膀、摇头晃脑等不自主的行为。——译者注

的事情成为习惯，孩子才能不再与大脑"内斗"，而是与大脑齐心协力。

有睡眠问题的孩子

夜深了，父母的眼皮越来越睁不开。可是孩子非但没有哈欠连天，还依旧精神百倍。父母从晚上10点开始哄孩子睡觉，折腾到深夜12点，孩子总算进入梦乡，父母与孩子的"入睡大战"终于落下帷幕。父母自己也带着一身疲惫陷入沉睡。

在"学得慢的孩子"中，像这样怎么也不肯乖乖睡觉的孩子并不在少数。如果孩子一听到上床睡觉就满心不情愿，到处找借口推脱；如果孩子睡着后也经常辗转反侧、睡得并不安稳，那么我们就该好好审视一下孩子的睡眠习惯了。学龄前的孩子如果睡眠不足，就会变得注意力不集中、焦躁易怒，最终导致学习成绩下降。所以在孩子入学前，养成良好的睡眠习惯十分重要。

睡眠的脑科学

不仅是生长激素，人体内所有激素的分泌都对时间、季节和环境的变化十分敏感。当太阳落山，视网膜感知到光线变暗，就会刺激褪黑素的分泌。褪黑素具有催眠和镇静的作用，此外还具有抗氧化作用，能够阻止体细胞的氧化，进而延缓身体衰老。

那么，考虑到光线强弱与激素分泌的关系，什么才是最适合孩子的睡眠环境呢？睡眠与清醒每天都交替循环，一定的循环周期被称为睡眠的昼夜节律周期，孩子的基础体温和激素周期也都跟随昼夜节律周期而变化。

对昼夜节律周期起着最重要作用的，就是进入眼部的光线。大多数孩子都按照昼夜节律周期，晚上入睡，早晨醒来。因此，如果想要睡个好觉，就要在白天多晒太阳，晚上则尽量保持光线昏暗，室内环境温度也不要太高，便于体温的降低。如果开着灯睡觉，褪黑素分泌就会减少，致使孩子迟迟难以入睡，对于孩子的生长发育也会产生不利影响。

除了隔绝外界光线外，电视的电源按钮发出的一丝幽光也要彻底遮挡住，保证全黑暗的入睡环境。要知道，哪怕是微弱的光源也会干扰孩子的睡眠。只有睡眠不受光线干扰，孩子才能拥有良好的睡眠质量。哪怕透进一丁点儿光亮，哪怕是调低灯光的亮度，也会导致褪黑素分泌量减少。但是，如果在全黑暗环境中还是睡不好觉，也会致使褪黑素的分泌越来越少。

"学得慢的孩子"的睡眠问题

学龄前的儿童一般在晚上7点到9点之间就寝,早上6点30到8点之间醒来。从4岁起,尽管午觉并不是必需的,但是很多孩子都会开始睡午觉。每个孩子睡午觉的习惯都很不一样,有的孩子睡1个小时,有的孩子睡2个小时。我们要根据孩子的情况合理安排午睡时间和晚上就寝时间,从睡眠入手,让孩子过有规律的生活。

然而,尽管学龄前儿童的作息时间十分规律,他们有时也会在夜里醒来,哭闹个不停。这是因为,这一时期的儿童大多数时间都在户外与同龄小伙伴玩耍,晚上独自醒来难免会造成心理上的紧张。而且,学龄前儿童一般都害怕夜晚,雷电暴雨、狗吠、驶过的大卡车等外界的动静都会让孩子陷入恐惧的情绪。对夜晚的恐惧,有可能会导致孩子出现严重的睡眠障碍,在睡眠中途变成"部分清醒"状态,无法再度进入完全睡眠状态,等到"完全清醒"后,孩子就会起身下床。

一般来说,学龄前儿童的睡眠很好,几乎没有睡眠不足的情况。然而,患有夜惊症[①]和睡行症[②]的案例也并不少见。

[①] 又名睡惊症,患者会突然从深睡中觉醒,并因强烈恐惧而产生尖叫等异常行为。——译者注
[②] 俗称梦游症,在睡眠状态下突然出现行走等复杂行为的睡眠障碍。——译者注

孩子们为什么直至深夜都不睡觉，甚至于出现睡眠不足的情况呢？日本学校保监会进行的一项研究发现，对于"为什么深夜还不睡觉"这个问题，回答"没有原因""父母很晚回家"的孩子最多，而回答"为了学习""为了看电视"的孩子最少。

韩国越来越多的儿童患上失眠症的原因，在于不好的睡眠习惯。睡觉时怕黑，或是没有父母陪伴而产生的分离焦虑，是导致失眠症出现的最主要因素。

如何帮助"学得慢的孩子"改善睡眠？

让孩子按时睡觉

改善孩子睡眠最好的方法，就是每天保持相同的就寝时间。重复多次后，到了一定的时间，大脑就会自动分泌催产素[1]与褪黑素。

大部分孩子都有固定的睡眠时间，想要早起，就要早睡；想要晚起，就要晚睡。我们应当督促孩子在同一时间就寝，养成按时睡觉、按时起床的好习惯。

---

[1] 具有促进睡眠、抑制恐惧等作用。——译者注

不让孩子睡前看电视或电子产品

如果孩子睡前想看电视或视频,就会失去 30 分钟的宝贵睡眠时间。睡眠不足会在孩子第二天的心情上和行动上产生极大的影响。因此,我们一定要注重孩子的睡眠卫生(Sleep hygiene)①。孩子在入睡前 1 小时就不能看电视或视频了,也不要让孩子在睡前玩太过兴奋的游戏。此外,睡前 1 小时不要吃得过饱,尽量避免摄入刺激肠胃的食物。

利用电风扇等物品发出的白噪声隔绝屋里屋外的杂音,也会对睡眠有所帮助。冲个澡、听父母小声交谈的声音或低沉的摇篮曲、安静地阅读过去的老故事、抚摸触感柔软的玩偶……这些方法都能减少孩子的焦虑感,自然而然地引导孩子入睡。如果孩子和父母一起睡,父母发出的沙沙动静或翻身的声音容易吵醒孩子,所以与孩子分开睡也是个不错的办法。

培养孩子的就寝意识

随着年龄的增长,孩子会越来越不愿意遵守就寝的时间。随着他们白天的生活越来越丰富,让他们直接上床睡觉实在是比登天还难。因此,我们需要准备一个就寝仪式,并在每天睡前都重复这个就寝仪式。这个就寝仪式可以是任何事情,比如阅读、听音乐等孩子喜欢的事情。然后,每天晚上同一时间,

---

① 指健康的睡眠习惯。——译者注

坚持做这件事情。

阅读是能够让孩子情绪稳定的好习惯。睡前，跟孩子聊一聊当天各自发生的事情，让他们的心情放松下来。然后，我们可以读孩子最喜欢的绘本，如果你希望读绘本能够取得更好的效果，可以在孩子闭上眼睛入睡时读。这样一来，孩子在睡眠期间，尤其在 REM 睡眠期[①]，读过的内容会被海马体反复学习，进而形成长期记忆。此外，海马体还会在睡眠期间对大脑中的记忆进行整理，让大脑变得更加整洁，这样，孩子在第二天就会更加精神饱满，大脑也会更容易迸发创意。

调整睡眠光线

有些父母因为孩子怕黑，会在孩子睡觉时打开小夜灯。尽管这样做是为了减少孩子睡觉时的恐惧和焦虑，但却没有催眠的效果，也不利于褪黑素的分泌。

孩子还小的时候，最好让他在完全漆黑的房间里入睡。如果孩子长大后开始怕黑，就需要一些灯光来缓解对于黑暗的恐惧。

怕黑通常发生在孩子半夜醒来或在黑暗环境入睡的时候。这时，孩子会大声哭喊，表达自己的恐惧，身体也会出现心跳、

[①]指快速眼动睡眠期，属于睡眠阶段之一。一个睡眠周期包含非快速眼动睡眠期和快速眼动睡眠期。——译者注

脉搏加速等各种焦虑反应。

孩子之所以怕黑，一般是因为在黑暗环境下看不到自己熟悉的房间陈设，也看不到自己亲近的家人。关掉房间的灯后，我们可以向孩子一一描述他所熟悉的物体在黑暗中的形状。还可以保持房间门敞开，打开小夜灯，让孩子的房间环境不至于太过漆黑。等到孩子完全睡熟后，再把所有的灯关掉，这样就能大大减轻孩子的焦虑感。父母的这些细微的关心和照顾都极大地有助于孩子走向独立。

午觉不要睡太久

学龄前儿童每天会睡 1 次午觉，或是干脆不睡午觉。一般来说，午觉的时间在 30 分钟到 2 小时左右较为合适。午觉少于 30 分钟则太短，超过 2 小时则太长，二者均不提倡。午睡不到 30 分钟达不到效果，午睡超过 2 小时会影响晚上的睡眠。此外，下午 4 点以后睡午觉有可能会导致晚上失眠。我们应当让孩子白天多玩耍、多活动，这样有助于睡眠。身体的活动量越大，孩子困得越早，睡得越深沉。

白天多晒太阳

白天多晒太阳，可以让孩子晚上睡得更好。这是因为，阳光有助于我们的身体分泌血清素，而血清素又是褪黑素的来源。如果血清素不足，那么不论我们怎么睡觉，都分泌不了足量的褪黑素。一项研究表明，孩子有规律地在户外晒太阳玩耍，能够有效地促进褪黑素的分泌量达到原先的10倍以上。所以，白天不要总待在室内，多和孩子去户外散散步吧！

没有时间观念的孩子

孩子升入小学后，会遇到很多令人讨厌但是不得不忍受的规矩。在幼儿园时，偶尔迟到一次也没什么，但是到了小学，情况就不一样了。必须按时上学，准时上课，上课不准去卫生间，在规定时间内吃完午餐……学校里诸多条条框框可能会让习惯于幼儿园生活的孩子感到紧张和焦虑。但这正是培养时间管理能力的重要时期。

为什么父母与孩子对于时间的感觉不同？

"学得慢的孩子"之所以做不好时间管理，是因为他们缺乏时间观念。计算、规划时间需要抽象思维。

当大脑正在经历前所未有的新体验时，人们就会感到时间过得很慢。因此，对于已经拥有许多人生体验的父母来说，时间总是过得很快；而对于经验几乎为一张白纸的孩子来说，时间过得总是很慢。所以，孩子会感觉到，所谓不远的将来，似乎离自己还很遥远。面对一连串的指示和要求，孩子稀里糊涂、三心二意，甚至表现出自我破坏行为的原因就在于此。

孩子的节奏

父母要好好观察自己的孩子在一天之中的什么时候执行计划容易出现松动，并帮助孩子调整计划表，适应实际情况的变化。例如，一般来说，放学回家后的30分钟内，孩子的状态往往不太稳定，容易耍脾气。面对这种情况，我们最好等这段时间过去，再让孩子开始写作业。此外，从一件事情直接过渡到另一件事情，对大部分孩子来说都是有困难的，他们需要花时间去适应。这时，我们可以多关心孩子，让孩子打起精神准备开始一项新任务。

而且，就算孩子有意管控自己的行为，努力保持长时间专注，但是在翻来覆去反复做无聊的事情时，也会感到时间格外漫长。当父母与其他人聊天时，或是参加聚餐时，孩子很难乖乖听话，一动不动地坐着；父母让孩子收拾房间里乱七八糟的玩具，孩子十有八九也不会听话。哪怕是一些运动或游戏，如果长时间让孩子保持一种状态，孩子也不太喜欢。比如相较于棒球，孩子们更喜欢足球的原因，就是踢足球时需要在运动场内不停地跑来跑去，但是打棒球时基本只能站在原地。为了避免孩子感到时间漫长，我们可以帮助孩子把任务切割成小单位，或是提前告诉孩子做某件事情会花费多长时间，这些做法都能起到一定的帮助。

如何帮助"学得慢的孩子"树立时间观念?

让开头更容易点

万事开头难。所以首先,要让孩子有意愿开始去做,我们需要适当提供帮助。当要做的事情量太大、太复杂时,可以先从少量开始做起,后面逐渐增加任务量;在顺序上,也是先做有能力处理的事情,一时半会处理不了的事情可以放到后面去做。

在这一过程中,孩子可能会分心,又想去干别的事情。我们的目标是帮助孩子抑制这种欲望,告诉孩子必须要做的事情,哪怕不喜欢,也要坚持到底。当然,不喜欢的事情,可以想办法变得更有趣更简单一点,这样孩子们完成起来也会更轻松。

当然,我们需要提供何种程度的帮助,也是有技巧的,既不能太多,也不能太少。如果给予孩子的帮助过多,哪怕最终孩子成功地完成了这件事情,在培养孩子独立执行能力这方面上,我们仍然是失败的;反之,如果我们给不到孩子应有的帮助,也会出问题。孩子既完不成任务,执行力也没有得到提升。

增强孩子对于时间的感知

孩子需要形成时间感,在孩子认识钟表之前,时间感的形成有赖于父母的轻声提醒,或是使用计时器;认识钟表之后,父母可以在孩子经常学习、活动的地方,放上一个钟表。这样孩子读绘本或练钢琴时,如果知道规定时间已经过半,更有可能继续将手头的事情坚持做到最后。如果时间非常紧迫,孩子的交感神经就会活跃起来。交感神经与副交感神经是共同构成自主神经系统(autonomic nervous system)的末梢神经,当我们感到担心、焦虑、焦躁,受到精神上的压力时,交感神经会开始活跃,大脑也会变得更清醒,我们的注意力会在短时间内高度集中,效率也会变得更高。也就是说,增强孩子对于时间的感知,由时间造成的适当压力是有助于提高孩子的专注力的。

让时间被"看见"

我们可以玩"躲猫猫"游戏,让孩子体会"数10个数"的时间有多长。还可以使用数字电子钟表,将时间的流逝转换为视觉的感官体验。孩子的生活经验不多,所以并不理解父母说"就剩5分钟了"时,其中的"5分钟"究竟是多长时间,可以做多少事情。因此,我们可以将普通的机械钟表和设置好截止时间的闹钟并排放在一起,这样孩子自己就能知道还剩下多少时间,从而调整自己做事情的速度。

孩子上幼儿园后，可以教给孩子认识钟表上的整点（×时整）和半点（×时30分）。如果孩子已经上小学，那么还应该知道怎么以10分钟为单位看时间（×时10分、×时20分、×时30分……）。或是与孩子一起用彩色卡纸制作钟表，用它来教孩子练习看时间。

还可以准备一个杯子，在里面放上相应数量的小棒或珠子，孩子每做完一件事，就从杯子里拿走一根小棒或一颗珠子，将剩下的待办事项转化为视觉体验。或是制作任务卡片，给文字配上有趣的图片。毕竟，孩子对这些冲入脑海的一件又一件待办事项，可不怎么友好。

制订时间计划

制订时间计划时，不要用"11点—1点"这样以具体的时间为标准，而是像"爸爸下班回家前""吃完晚饭后"一样，制订能让孩子亲身感受到的时间计划。要想做好时间管理，必须拥有分配、计算和把握时间的能力。具备这些能力的孩子，不仅清楚地知道自己的进度是超前还是滞后，还能应对突发情况，确保事情在截止时间前完成。

时间管理能力由大脑的前额叶控制，我们的前额叶处于不断发育的状态，直至25岁左右发育成熟。所以学龄前儿童的时间管理能力一般比较弱。因此，在孩子具备充足的时间管理能力前，我们应当持续帮助孩子。

学会表达时间，是4—7岁的儿童时间观念发展的里程碑。这一时期，孩子应当完全掌握"前""后""到……位置""……的时候"等时间方面的表达。确定好一天的日程安排后，让孩子做好准备，接受在什么时候做什么事情。尤其，要确定好每天的吃饭时间、晚上睡觉时间、写作业的时间等主要活动的时间。

当时间有限，孩子就需要决定每件事情的优先级。这样将日程重新调整后，就可以在规定时间内既完成父母布置的简单任务，又能抽出时间做其他事情。

将时间管理的决定权交给孩子

给孩子一个机会，让孩子自己决定如何做、何时做，让孩子自己排列各项事情的优先级吧。孩子自己决定好一切后，我们就可以与孩子协商，直至孩子转变做事情的态度，从"不想做"变为"想做"。

对孩子的时间管理能力进行整体评估

我们需要留意，孩子决定做一件事情与真正开始做这件事情之间相隔多久。例如，如果孩子与父母约定每天晚上8点阅读绘本，可以先统计一下孩子一周之中有几次是在8点准时开始阅读绘本。

此外，还需要留意孩子做某件事情所花费的时间。如果孩子说好每天练习 30 分钟的钢琴，那么我们可以看一看，孩子实际上到底花费了多长时间练钢琴。

统计孩子的行为次数是非常有必要的，包括积极行为和消极行为。有时候孩子不能马上按照父母的要求开始做一件事情，我们还可以统计自己究竟对孩子要求了几次，他才开始行动，并根据问题行为的严重程度在 1—5 分的区间内进行打分。这样才能对孩子管理时间的习惯、能力有一个整体的评估，也可以让孩子非常直观地看到自己的问题所在。

第三章

从"学得慢"到"学得好"的核心动能

自尊感：
没有天生无欲无求的孩子

有很多父母都为孩子发愁：不管是学习还是运动，孩子怎么都恹恹的样子呢？但没有一个孩子对任何事情都没有欲望，孩子们到处跑来跑去、抓小飞虫、采撷花朵的过程，其实就满溢着好奇与欲望。

一旦孩子因为某事建立起了自信心，那么做其他事情时也会带着充足的自信。无论做什么，孩子都会出于努力把事情做好的想法，浑身涌出源源不断的力量。反之，如果孩子没有擅长的事情，也没有既往做任何事情成功的经验，那么面对新挑战时往往会在心里打退堂鼓："我不行""我做不到"，最终放弃。这种个人经历上的微小差异会随着时间的推移而逐渐被放大，最后成就完全不一样的人生。那些放弃挑战的孩子，也就无法挑战自己的潜能、不断实现自我，无法成为自己人生的主宰者。

因此，若希望孩子拥有较高的自尊感，首先得让孩子具备"我有能力做好""我能做到"的自信。对此，我们应该从小就培养孩子的这种自信，哪怕孩子感兴趣的只是玩游戏、过家家，也要对孩子的表现予以认可。

"你已经攒了这么多卡片了？真有耐心啊！"

"你真是个拼图小天才！"

认为孩子没有欲望的父母

孩子还是幼儿的时候，总是坐不住，喜欢到处乱跑。他们经常把父母的话抛在脑后，不喜欢的事情看都不看一眼，但是对于自己想做的事情则有着极大的兴趣。

有些父母只看到孩子对学习没有兴趣，就片面地认为孩子对任何事情都提不起兴趣。因为在大多数父母看来，孩子埋头学习或是积极参加文体活动才是"有兴趣""有活力"，如果对其他事情有兴趣，则是"不务正业"。

然而，想看一看、想摸一下，或是拿着玩具或饼干跑来跑去都是好奇心、探索欲的表现。可当孩子做出这些举动时，往往会遭到父母斩钉截铁地拒绝："不行！"

无论是因为父母自己不喜欢孩子做出这些举动，还是因为当时的情况不允许，有一点是十分明确的，那就是"孩子的欲望"和"父母的欲望"彼此并不一致。父母之所以误以为孩子没有欲望，根本原因就在于父母与孩子各自的欲望背道而驰。因此，当孩子表现出欲望时，父母视若无睹，也不愿承认。孩子"想做"某件事的心情——哪怕与父母的欲望相反——就是孩子原原本本的欲望。我们不能咔嚓咔嚓剪断孩子的欲望之芽，然后在孩子长大后抱怨"我家孩子怎么做事没什么干劲儿"。

父母不能将自己的欲望强加于孩子的人生

有些父母认为，只要孩子努力，就压其他孩子一头；如果不上私立小学、特殊目的高中①、私立高中、名牌大学，孩子的人生就完了。像这样一心追求成功、被偏执束缚的父母，往往会逼着孩子提前学，在他们看来，如果不早早做准备，孩子就会输在起跑线上。

学龄前及小学低年级时期，孩子的时间比较自由，可以专心做自己真正想做的事情。然而如果此时用遥远的、不确定的未来苛刻地逼迫孩子，并不利于孩子的成长，孩子也吃不消。

孩子有权利过自己的人生。我们不能打着"为孩子的人生负责"的旗号，按照自己的意愿左右孩子一生中重要的奠基成长阶段，也就是学龄前及小学低年级时期。对于处于这一时

---

①简称"特目高"，韩国针对各个领域有天赋的学生专门设立的高中，学费高昂。——译者注

期的孩子来说，父母就是成长环境。父母的义务，是重视孩子想做什么、认可并帮助孩子发挥长处。

自尊感的力量

自尊感是一种力量，一种不仅认可自己、还尊重自己的内心力量。如果说自我效能感是"我能做到"的自信，那么自尊感就是"完全做自己，为自己而活"的自信。"我值得这里""我很好""我是有价值的人"的内心想法，既是认可自己，也是爱自己。

自尊感是在不可能、在失败中也能够好好爱自己，尽管自己存在缺点和不足，但是内心仍然能够积极地认可自己。建立起了自尊感的孩子，无论发生什么事情，都能继续前行。

自尊感较高的孩子拥有较强的自主决定能力，他们能够很快做出决策或判断，而且充满自信。这种自信表现为对自己的认可，最终使得孩子的行为也会朝向积极的方向转变，形成正向循环。自尊感与孩子的学校生活、家庭生活、同辈关系密切相关。自尊感较高的孩子不仅学习成绩好，与朋友的关系也不错，更有勇气和毅力去克服逆境。

父母的态度极大地影响着孩子的自尊感，这种态度，就是爱。不管孩子是乖巧听话还是调皮叛逆，不管他是心胸豁达还是谨小慎微，不管孩子是否身体健康，只要父母无条件地爱着孩子，孩子的自尊感就能得以生长。与此同时，父母也会从中得到正向的反馈，在培养孩子自尊感的过程中，父母的自尊感也有机会得到提升。所谓"养育"并不是一方的付出，而是双方皆有所付出有所得的成长过程。

但现实是，如今父母的整体自尊感越来越低，心理依赖性反而越来越高，尤其想从子女教育中获得替代满足感。替代满足感是一种由于自尊感太低而渴望得到认可的需求，是一种妄图管控他人的冲动，是逆来顺受形成的恶性循环。

培养孩子的自尊感：父母的态度

父母要做的不是强迫孩子坐在书桌前学习，而是给予孩子探索自我的机会。关注孩子、发现孩子、鼓励孩子，找到孩子的兴趣和天赋所在，往正确的方向导引，这才是孩子实现未来之梦的巨大源动力。

让孩子自己决定想做什么

孩子也有欲望，也有想做的事情。当孩子有想做的事情时，只要不危险，我们都可以鼓励孩子尝试一下。尊重孩子"想做"的想法，而不是用"不能做""做不到"之类的话打击孩子的欲望。

为孩子加油

一旦孩子决定了要做什么事情，父母要做的就是鼓励、加油，并在需要的时候给予一定的帮助。即使孩子失败了，父母也千万不要说"我早就告诉你了"之类的话。孩子会感恩父母对自己的支持、信任与关注。

倾听与协商

平时多多与孩子对话交流、倾听孩子的内心，可以减少许多不必要的矛盾。当孩子与我们意见相左，表达"我只想做这件事""这件事很有趣，我不想就这么放弃"时，不要武断地责怪孩子，给孩子几分钟，听听他的想法和理由。同时，平等地与孩子交流，说出自己的意见和担忧，而不是高高在上地运用父母的权威。

有了这个过程，孩子会发现，原来自己的意见是可以被父母接受的。即便最后的结果是自己的想法依然不被接受，孩子也会感受到自己被尊重、被理解，能够与父母在协商的过程中产生共鸣。

当然，有时候我们需要跳过协商的过程，直接否定孩子想做的事情。这种情况下，我们也不要直接说"不行"，而是首先承认孩子的想法"原来你想做这个呀"。通过这种方式与孩子共情后，表达"你的想法、愿望我看到了"，然后再告诉孩子这件事为什么不能做。

让积极的自我实现预言[①]**（Self-fulfilling prophecy）成为习惯**

当父母给予的关注越多，孩子就会越发奋努力。反之，如果父母对孩子漠不关心，那么孩子也不会有什么"我要好好努力"的想法。父母的关注与否，深深地影响着孩子。孩子与周围的环境不断地互相影响着，他的思维和行为方式也取决于外界环境的反馈。

因此，如果孩子已经习惯积极的自我实现预言，就会相信自己会变成预言中的那样，会为此思考与行动，也就是出于本能地做出努力。所以，多肯定孩子，从而影响他把"我能行""我可以""我在进步"挂在嘴边！

培养积极的心态

积极的心态有助于调节我们的心情和情绪。古希腊哲学

[①] 心理学现象，一是指人会不自觉地按照预言行事，最终使预言发生；二是指自己对他人的期望会影响其行为，从而使对方按照自己的期望行事。——译者注

家伊壁鸠鲁（Epicurus）曾对弟子们说，每天晚上睡觉前要回想自己这一天是否过得成功。不要总盯着自己失败的事情，而是专注于自己成功的事情。通过这一方法，让弟子们学会用思维调节自己的心情与情绪。

我们在家庭中也可以使用这个方法，比如晚餐时问问孩子："今天有哪些开心的事情呀？"当父母关注的不再是孩子的失败或错误，而是关注孩子成功的、做得好的事情时，孩子自己也能长久地记得自己做得好的事情，并将这份积极感珍藏到回忆之中。同时，这份积极的情绪也会成为孩子第二天克服困难的能量。

如果把积极的想法、感受与具体的目标相结合，更容易实现目标，完成挑战。在完成特定任务的过程中，那种积极的、能够立刻作用于自身的具体想法与感受尤为重要。

内在动机 vs 外在动机：
奖励是一把双刃剑

在马克·吐温的《汤姆·索亚历险记》中，汤姆曾把为篱笆刷漆这件苦差事吹嘘为并非人人都能做的一种特权（也就是内在动机的来源）。汤姆被波莉姨妈惩罚刷篱笆，当他垂头丧气地站在篱笆前，一个奇妙而特别的灵感瞬间闪现。汤姆对小伙伴本说，刷篱笆是大人信任自己才委派的重任，一般人根本没机会做。本对汤姆的话信以为真，他央求汤姆让自己也刷一两下篱笆，然而汤姆斩钉截铁地拒绝了他。在遭到汤姆一连多次的拒绝后，本终于把自己吃的苹果送给汤姆，换来了刷篱笆的机会。其他小伙伴很快也聚集而来，并且都中了汤姆的圈套，替汤姆认认真真地把篱笆刷好了。

这个故事告诉我们，真正的动机并不来自外界，而是源自内心。孩子也是如此，而且，孩子的所有行为都受到内在动机的驱使。

尽管最开始，孩子做出某一行为是受到外在动机的约束或强迫，然而当自己因为做出了正确的行为心情变好后，哪怕没有任何奖励，孩子也会主动愿意做这件事。这时，"是我自己想做这件事情"的想法就是内在动机。内在动机能够进一步激发孩子做一件事情的欲望和行动力。而父母的作用就是激发孩子的内在动机，为孩子从小播下内在动机的种子。

当然，孩子无精打采、行动力差时，考虑用"打一巴掌给颗甜枣"的办法创造外在动机也未尝不可。父母要知道的是，"打一巴掌给颗甜枣"在任何情况下都无法使孩子自发、主动地行动起来。所以，如果真要这么做，也要以爱孩子为前提，适当使用。

当孩子主动做自己喜欢的事情时，"甜枣"就派不上用场了。想一想孩子兴趣盎然地学习、欣然听从父母吩咐的样子吧。这时的孩子完全是自发、主动地做一件事情，根本不需要"甜枣"的诱惑。我们只需要表达对孩子表现的真实感受就好，比如"宝宝真用功""做事真扎实""谢谢你啦"就已足够。但是，如果我们多此一举地抛出"甜枣"，反而会夺走本属于孩子的主动权，使孩子做事情丧失干劲。

世界从左脑转向右脑

用物质奖励孩子取得好成绩固然是出于好意，但也有潜在的风险。我们应该将物质奖励作为一种破格的奖励方式，偶尔实施即可。对于孩子而言，内在动机的驱动力远远强于外在动机，因此奖励孩子时，我们最好采用多种不同的奖励方式。比如，这一次去郊游，下一次去电影院，再下一次给孩子买新玩具，再下一次与孩子一起玩桌游。

世界著名的未来学家①丹尼尔·平克（Daniel Pink）认为，左脑负责的知识工作越来越少，而右脑负责的创造工作越来越多。以遵循规则为主的左脑型知识工作，随着时代的发展，尤其进入人工智能时代后，能够被越来越多地取代。

知名的咨询公司麦肯锡的统计数据显示，美国现今快速增长的岗位中，只有30%与知识型工作相关，剩余的70%则全部是创造型工作。因为机械性的工作可以二次转包或被自动化取代，但是艺术、情感等非机械方面的工作则是无法替代的。

哈佛大学商学院教授特拉莎·阿玛贝尔（Teresa Amabile）发现，外界的奖励和处罚对于知识型工作能起到不错的效果，然而对于创造型工作则会产生负面干扰。在解决新问题、创造新事物时，重要的是内在动机。根据阿玛贝尔的观点，内在动机能够激发创造力，但是外在动机的约束却不利于创意的发挥。换句话说，外在动机会对现代经济的根基，也就是右脑型创造工作产生不利影响。

人类正在面临第四次工业革命时代，左脑型知识工作岗

---

①以历史文化发展为根据，对未来做出科学、合理的推断的人。——译者注

位将会减少，逐渐被人工智能或机器人取代，走向式微，而右脑型创造岗位的数量将会越来越多。我们应当为孩子打造由内在动机，而非外在动机驱使的学习环境。

"打一巴掌给颗甜枣"的效果研究

在一项围绕奖励开展的研究中，研究人员募集了87名受试者，让他们玩几种游戏，比如向靶心投掷网球、猜字谜、记忆成串的数字等需要体力、创造力、专注力的游戏。

为了检验奖励机制的影响力究竟有多大，研究人员将受试者等分为3组。第一组受试者如果完成目标，就会得到4卢比（相当于马杜赖①当地人一天的收入）的奖励；第二组受试者如果完成目标，就会得到10倍的奖励，也就是40卢比（相当于马杜赖当地人两周的收入）；最后一组受试者则会得到100倍的奖励，即400卢比（相当于马杜赖当地人约5个月的收入）。那么，结果如何呢？

4卢比组和40卢比组的受试者的表现并没有什么很大的不同，然而400卢比组的受试者们几乎在所有游戏中的表现都不如4卢比组和40卢比组。

---

① 马杜赖（Madurai），印度南部城市。——译者注

丹尼尔·平克（Daniel Pink）认为，一些增强动机的方法反而会削弱动机。本希望激发创造力、赶超进度，结果却取得了相反的效果。甚至某些情况下，奖惩机制不仅不能抑制消极行为的发生，还会成为诱发消极行为的导火索，导致诈骗、成瘾等危险行为。

肉眼可见的奖励会对内在动机产生负面影响。任何团体，包括家庭、公司、体育团队等如果一味强调短期的成果而管制人们的行为，都会带来长期的、巨大的损害。

给孩子"甜枣"的弊端

当孩子受到惩罚时，就会格外关注父母的眼色，根据父母的态度调整自己的说话或行为方式。可是，这样做会让孩子的行为被"巴掌"主使，而不是出于自己的意愿。久而久之，如果没有"巴掌"的威胁，孩子就不会主动行动。

反之，奖励也会让孩子变得短视。如果我们与孩子约定，写完一页数学题就能得到金钱奖励，那么孩子短期内确实会老老实实做数学题，但是长期下来却会失去对于数学本身的兴趣。在前路清晰、知道如何解决问题的情况下，奖励确实有所帮助，它能够让孩子更有干劲，提升得更快；可是在前途未知、充满挑战的情况下，奖励的效果就会大打折扣。

一旦父母以控制为目的去奖励孩子，就会让学习沦为获取奖励的手段，而且只有在持续奖励期间，孩子才会愿意学习。这看上去似乎并没有什么问题，但是这样一来，我们就不要再奢望孩子在没有奖励的情况下能够坚持长时间学习。

孩子一心只盯着奖励，就会寻找能够更快、更容易得到奖励的方法。然而，所谓更快、更容易的"捷径"大多是不可取的。想一想那些为了避免出错而只演奏简单曲目的孩子、那些为了取得好成绩而不惜作弊的孩子吧，他们后来都怎么样了呢？

如何正确施行奖励机制？

美国著名心理学家爱德华·德西（Edward L. Deci）、理查德·雷恩（Richard Ryan）和加拿大心理学家理查德·科斯特纳（Richard Costner）曾提出，在孩子对学习感到无聊时给予奖励，不会蚕食掉孩子的内在动机。因为这种情况下，孩子几乎或根本不具备内在动机可供蚕食。

让孩子自己意识到为什么要学习
从本质上讲，如果学习被纳为宏大目标的一部分，那么原本不怎么有趣的学习过程也会变得魅力四射且富有意义。因此，我们需要向孩子解释，为什么这门课程很重要、为什么所学的内容对于实现目标这么重要。

我们也可以坦率地向孩子承认：好吧，学习确实很无聊。这样可以拉近与孩子之间的距离，但即便"无聊"，学习仍然是我们人生中最重要的事情之一。当父母对学习这件事情表示出认可的态度，孩子也会将父母的认可转变为内在动机，并从中获得挑战"无聊的学习"的力量。

让孩子按照自己的方式学习

比起父母的管教，孩子的自律性更为重要。最好的办法是告诉孩子，自己希望孩子取得怎样的结果，但是对于取得结果的方法不要加以限制，放手让孩子自由地学习吧。

其次，我们要提供对孩子有用的信息。特拉莎·阿玛贝尔（Teresa Amabile）认为，带有管控性质的外在奖励会打击孩子的创意能力；相反，提供信息和对能力的肯定则会唤醒孩子的动机，激发孩子的创意性。也就是说，积极的反馈带来的效果甚至优于奖励。

确保公平奖励

施行奖励机制时，我们还需格外注意的一点，就是确保奖励的公平性。孩子希望自己得到的奖励与付出相对等。付出更多，得到的奖励也应当更多才对。然而稍有不慎，孩子就会误将奖励认为是家长的管控手段，根本目的就是为诱导自己多多学习。所以我们也需要向孩子明确奖励机制的逻辑是怎样的，这样做并不是为了驱动孩子多多学习，只是在确保奖励机制的公平性。

让外在奖励变身为"意外之喜"

如果我们在一开始就告诉孩子，只要你认真学习，那么就能得到奖励，那么孩子就可能热衷于奖励，而不是专注于学习。因此，何时给予奖励也有小技巧，比如在孩子意想不到的某一时间点发放奖励，就能避免孩子在学习期间过度关注奖励内容。

鼓励 vs 表扬：
过程比结果更重要

有一项研究表明，个人努力对于学习效果的影响只有 7%。父母经常把孩子学习不好是因为不够努力挂在嘴边，而实际上，能够激发学习欲望的环境与习惯，才是决定孩子学习成绩优秀的主要因素。因此，比起一味地强调"你要好好学习"，了解孩子大脑的学习原理，激发孩子的学习动力才是更重要的事情。

想必各位父母都已经意识到，对其他孩子有效的育儿方法，用到自己孩子身上，特别是用到"学得慢的孩子"身上时效果并不如意。这时我们往往陷入怀疑，把孩子不听管教、无法满足自己的期待归咎于育儿方式的错误。

父母要知道，每个孩子的个体差异性很大，对别的孩子有效的方法未必适用于自己的孩子。但有一个育儿方法，对于孩子尤其是学得慢的孩子是普遍适用的，那就是鼓励。

表扬的重要性

表扬能够刺激大脑中与学习有关的多巴胺回路[①],让孩子获得成就感。还能促进大脑高速运转,让孩子爆发小宇宙,极大地激发孩子的潜力。

神经学专家马丁·科特(Martin Korte)认为,那些令人感到"意外之喜"的事情是激发学习动力的重要因素。能够带来"意外之喜"的事情往往处于优先级列表中的较高位置。假设一个孩子用功学习后,取得了超乎预期的好成绩,那么这时多巴胺就会席卷大脑,勾起孩子继续用功学习的欲望。再比如老师当着全班同学的面夸奖一位学生的作业完成得很好、在英语单词考试中拿到了 100 分等都属于"意外之喜",带来"意外之喜"的写作业、背单词这两件事也会得到大脑的重视。多巴胺不仅能够带来快感,还能促进大脑记忆和习得那些能够带来积极结果的事情。

---

① 由神经元在进化中形成,可使脑中多巴胺快速增加、释放而使大脑兴奋并产生愉快感的复杂神经回路。——译者注

鼓励比表扬更重要

父母的表扬是衡量孩子行为的一杆秤，是以言语形式送给孩子的一份礼物。对于孩子的优秀表现予以清晰的肯定——这样做当然不错，而且还能激励孩子取得更出色的成果，并且拉近我们与孩子之间的亲子关系。

然而众所周知，表扬也会带来一些不好的副作用。一旦孩子习惯于被表扬，就会一味地只追求父母的表扬。这样一来，孩子不会自主地评价自己的表现是否优秀，而是执着于自己有没有受到表扬。过分执着于来自外部环境的评价，不仅会拉低自尊心，也会让自己陷入焦虑之中。比如，当孩子解出简单的数学题并被表扬"你真聪明"以后，遇到难度更高的数学题时就也许会容易退缩，甚至还会背着父母偷偷地翻看答案。

反之，如果我们这样鼓励孩子："你没有被困难打败，最终解出了这道题！你做得很好！"那么，孩子以后再遇到难题时，就会倾向于靠自己的努力去解题。他们不会那么在乎外界的评价，而是默默地、脚踏实地地做自己的事情。

鼓励能够为任何孩子带来力量。因此，我们在鼓励孩子时，需要怀有一种不同于表扬孩子的心态。

不要过于强调与孩子的立场不同，居高临下地去表扬你做得好，而是要经常站在孩子这一边。我们的鼓励能够让孩子感受到无条件的爱与信任，而这也是亲子关系稳固的关键。在此基础上，孩子的自尊心也会建立得更加牢固，一旦下定决心做什么事情，就绝不会再怀疑和动摇。

亲子关系对于孩子的成长至关重要。在亲子关系中，鼓励更有效。看待自己的孩子时，请你拿掉心中的那一杆秤，不要监视孩子，不要对孩子指手画脚，而是努力去发现孩子的优点。

如何鼓励"学得慢的孩子"？

"学得慢的孩子"之所以丧失学习欲望，是因为他们认为取得成功、实现梦想的路径只有一条。因此他们畏首畏尾、不愿冒险，害怕失败。若想让"学得慢的孩子"学会进行自我判断、激发学习欲望，父母可以按照如下方式进行鼓励。

聚焦"能做好的事情"与"喜欢的事情"

父母应当把焦点放在孩子的优点和孩子正在做的事情上，这样有助于提高孩子的自尊心和自信心。当孩子的努力未取得回报时，当孩子的进步很小时，鼓励就会发挥作用，让孩子感受到自己的价值。

孩子的梦想、喜欢的事情不是一成不变的，随着孩子能力和自我效能感的提升，他们就会愿意去尝试新的事物。所以尽量让孩子做自己喜欢的事情吧，当孩子可以自由自在地做自己喜欢的事情时，自我效能感就会增强，并在未来的人生阶段中发挥重要作用。

心理学家认为，自我的发展取决于社会对自我的定义。根据这一观点，假如一个孩子从小生活在他人对自己"擅长社交"的评价之中，那么他就会认为自己就是一个擅长社交的人。反之，如果一个孩子从小生活在来自他人"这也不能做，那也不能做"的担心之中，那么孩子对自己的能力也会产生怀疑。来自社会的不同评价，编码着不同的自我。

如果想让孩子专心于一件事情，鼓励是最好的方法。不过，我们绝对不能只盯着结果鼓励，而是要鼓励孩子专注的行为、目标意识以及所付出的努力。专注的过程本身比专注取得的结果更加重要。如果我们过分注重结果，就会让孩子也紧盯着结果不放，无法从专注的过程中体会到快乐。

尊重孩子的选择和决定

孩子只有知道自己所做的事情会带来什么变化，才能产生做这件事情的欲望。因此，我们要让孩子自己做选择，让孩子自己对结果负责。我们可以帮助孩子分析选择可能带来的积极或消极结果，可一旦孩子做出选择，我们要做的就是接受，让孩子看到我们对他的信任，从而对自己也产生信心。

比如，当孩子打翻牛奶杯后，如果我们去把打翻的牛奶擦干净，孩子就会认为我们会为他们的任何错误买单。所以，倒不如把抹布递给孩子，让孩子自己把牛奶擦干净。另外，针对这个意外，比起大发脾气训斥孩子，倒不如帮助孩子吸取教训，问一问他："下次喝牛奶的时候，怎样做才能避免把牛奶杯打翻呢？"给孩子自己寻找解决方案的机会，他可能会回答："老老实实坐在自己的位置上喝。"那么我们要鼓励孩子说到做到。那些能够独自克服困难的孩子，往往从小就学会了对自己的选择负责，独立承担后果给予了他们克服困难的力量。

奥地利著名心理学大师阿尔弗雷德·阿德勒（Alfred Adler）强调，不要训斥孩子，也不要表扬孩子，而是要给予孩子"勇气"。这是什么意思呢？简单来说，就是父母要支持孩子，让孩子有勇气应对人生的种种困难与挑战。哪怕是在孩子安静待着的时候说一声"谢谢"，也能让孩子意识到原来自己安静地待着也可以帮助到爸爸妈妈，他们会从中感受到助人的快乐，也收获更多的勇气。

让孩子感受到被关注

孩子都希望被关注，这本质上是一种对于纽带感[①]的需求。就连成年人也会为了获得鼓励或表扬而每天努力工作，更何况孩子们。为了得到周围人的积极关注，孩子们会努力考取好成绩，努力表现得更优秀。无论孩子喜欢看书还是做数学题，抑

[①] 源自"Koinonia"一词，指彼此密切相连的共融之感。——译者注

或是做手工，喜欢的事情里总会有做得好的。我们对此表现出一定的、持续性的关注，就会强化孩子反复去做这件事的动力。

可如果孩子不管怎么努力都换不来父母等价的关注，又会怎么样呢？

那么他们会变本加厉地纠缠父母，甚至是用一些错误的行为来吸引父母更多的关注。根本原因还是孩子对于纽带感的需求未能得到满足。

这时我们不可一味地强迫孩子或训斥孩子。虽然父母的训斥和惩罚本身也是一种关注，但此时的训斥并不能解决孩子的问题行为，他们需要的是积极的关注。比起孩子哪里做得不好，我们更应该关注孩子哪里做得好。把孩子当平等的"人"去对待，多对孩子说"我真高兴""谢谢你""你帮到了我"。

尤其重要的是，我们要摒弃"我很了解你"的姿态，而是以"我很好奇你是一个怎样的孩子"的态度去对待孩子。

压力管理：帮助孩子应对攀比和竞争

成就导向型社会激烈的攀比和竞争常常会令孩子感到自卑，很遗憾，我们的孩子就生活在这样竞争激烈的社会环境里。因此在很多情况下，父母会将表扬作为对竞争的一种奖励和补偿。可是这样一来，被表扬喂养长大的孩子往往容易变得患得患失，因为担心得不到父母的表扬而害怕失败，不愿意去挑战新的事情。

这也是为什么我们一再强调鼓励比表扬更重要，不是因为他人对孩子的积极评价，也不是因为自己的孩子比其他孩子优秀，而是因为孩子在哪怕很小的事情上取得的进步以及付出的努力而去鼓励他。

面对竞争的压力，给孩子准备蓝莓、西红柿、橘子、草莓、红薯等富含抗氧化剂的减压食物也是不错的方法。还可以教给孩子一些实用的减压方法，比如跟着音乐唱歌、散步、深呼吸、冥想等。

孩子与我们成年人一样，也会无数次碰壁。面对失败和压力，我们要做的就是不停地鼓励他，让他更有勇气去历练、去试错，找到自己要走的那条路。当孩子需要作出改变时，我们也要安慰孩子不要着急，慢慢适应。与其在外在上过分强求成绩的进步，倒不如在内在上帮助孩子描绘梦想、进行自我反思。这一过程还有益于"幸福荷尔蒙"，也就是血清素的分泌。

小行为，大习惯

"核心（key）行为"对于习惯的形成至关重要。转变核心行为，对生活的许多方面也会产生积极的影响。比如每天早晨都早早起床，自然也会形成早晨学习的习惯。因此，我们应当鼓励孩子从微小的行为开始作出改变。小行为反复多次，最终会形成大习惯。

为孩子的行为创造内在动机也是一个不错的办法。条件允许的话，我们可以多让孩子接触从事相应目标领域的人。这些成功人士会告诉孩子如何实现目标，这不仅能让孩子更加具体地制订实现梦想的计划，还会让孩子产生要更加努力的内在动机。有了内在动机，自然就会产生学习的欲望，一旦孩子依靠自己找到了实现目标的途径，也会对学习产生更加浓厚的兴趣。

自主性：
不要给孩子筑墙

著名的精神分析学家勒内·斯皮茨（René Spitz）做过一项研究，他比较过两组与母亲分离的婴儿，一组在弃婴之家成长并由护士照顾，每个护士要照顾7个婴儿；另一组在一家女子监狱附属的看护之家，这里的婴儿白天会得到他们母亲的短暂照顾。到第一年年末，在弃婴之家的儿童的运动和智力表现远低于看护之家的儿童：弃婴之家的儿童表现得孤僻、鲜有好奇心，也很少感到高兴。

父母的爱、关心和照顾对于2周岁以下的孩子来说非常重要。但是对于3—4岁的孩子来说，除了与父母的关系之外，还需要能够与他人产生沟通或共鸣的环境。如果父母过于关心孩子，反而会造成孩子的认知能力和创造力下降。因为，过度的关心会妨碍孩子自主性的培养以及自我的形成。如果父母与孩子总是黏在一起，免不了时刻担忧孩子的安危，这也不让孩子做，那也不让孩子做，从而限制了孩子创意能力的发展。

与其他动物不同，人类的生存依靠于创造新的模式。动物能够通过肤色的变换、发达的肌肉、敏锐的视觉或听觉来适应自然环境，它们生存的方式就是将自身与环境融为一体。然而，比起适应环境，人类更倾向于将环境改变成适合自己的样子，通过制作出各式各样的工具来改造环境。人类不是在单纯地依赖既有的技术，而是在改变环境的过程中形成了由自己主导的生存模式。

人类通过观察和思考现有的秩序，研究各种现象与行为，并制定相应的标准。同时，人类还会将反复出现的现象和行为进行类型化，掌握其中的普遍规律并寻求改变的方法。此外，人们还会利用自己的艺术知觉，改变个人、社会、文化的视觉外观。总而言之，人类一直在自主地改变环境和解决问题。

孩子也是如此，他们总是不顾危险，什么都想尝试，他们会不断地冒出解决问题的新点子。现代社会瞬息万变，信息层出不穷，昨天还有用的方法已经不再适用于今天的问题。孩子若想适应这样急剧变化的世界，要做的不是顺应环境，而是自主地改变环境。

自主性的习惯

每个孩子在刚开始都会有意识地下定决心要早起、上幼儿园不迟到、坐在书桌前认真学习以及定期阅读绘本等。然而，随着时间的流逝，这种有意识的选择会逐渐减少，这些行为都会变成习惯性地执行。这是一种自然的神经学现象，如果孩子养成良好的核心习惯，那么孩子的行为模式就会朝着积极的方向转变。

而且，习惯可以保护孩子不感到决策疲劳。决策疲劳指的是由于持续作出判断及决策，导致出现精神疲惫的现象。不管是什么行为，只要能够自动完成，孩子就会有精力处理其他事情。

日常生活中，这种现象不仅限于身体上的行为，精神上也是如此。日复一日的生活在简单、无意识的状态下完成，这样可以减轻高度集中的精神活动所带来的压力。即使面对生命垂危的患者，急诊室的医生们也能够沉着地应对和处理，这也是因为医生们多年来已经反复遇到过许多次类似的情况。

习惯从孩子很小的时候就开始养成，是规律和自律的集合。身处需要终身学习的时代，就不得不强调习惯的重要性。我们要意识到孩子的自身习惯与学习成绩甚至整个人生都有着密切联系，要让孩子尽早地适应规律的、自律的生活。这样，小时候养成的生活习惯就会一直延续到学龄期、青春期，直至孩子长大成年。

同样地，我们也应注重从小培养孩子的自主性。自由学习指的是孩子想学什么就学什么，自主学习指的是孩子自己设立学习目标、跟踪学习进度、复盘学习上存在的问题并加以解决。自主学习是根据自己的学习计划安排学习时间和学习量、决定使用何种学习方法，因此自主学习的效果并不能依据上了多久自习或上了多长时间的课这样外在的形式进行衡量。自主学习让孩子能够自己调整时间、根据自己的意愿安排学习内容，因此在相同的时间内，自主学习能够取得更好的效果。

我们应当从小培养孩子的自主性。让孩子自主地探索知识，能够更快、更有效地提高左脑负责的语言表达与逻辑思考能力，位于左脑的左额叶①也会更加发达，孩子会变得更加积极向上，心理弹性（Resilience）也会得到增强。而这些，都有赖于习惯的养成。

如何培养"学得慢的孩子"的自主性？

如果孩子即使身处良好的学习环境中也不愿意去学习，问题可能出在大脑的接受功能。大脑的信息处理过程需要感觉器官、智商、专注力、左右脑均衡发展、额叶正常发挥功能、工作记忆能力、边缘系统②的情绪调节功能、运动皮质、基底核、

---

①主要与认知功能、情感功能、语言功能有关。——译者注
②其重要组成包括海马结构、海马旁回及内嗅区、齿状回、扣带回、乳头体及杏仁核。

小脑的输出调节功能等共同发挥作用。只有"信息输入—信息处理—信息输出"这一过程正常运转,孩子才能做到自主学习。

让孩子自己决策

自主性是在选择中培养出来的。首先,我们要让孩子自己选择他喜欢和感到开心的事情。如果自主性不够,有"幸福荷尔蒙"之称的血清素以及有"欲望荷尔蒙"之称的多巴胺就会减少分泌。多巴胺对于自主性的培养非常重要,如果多巴胺分泌不足,孩子就会无精打采,自主性也就无从谈起。

敢于让孩子试错

不付诸行动的想法是毫无意义的。在改变环境的过程中,我们和孩子一定会遇到顽强的阻力。要想克服种种困难,就要有坚定的信心和意志。为此,我们首先要多给孩子创造试错的机会。只有尝试去做,才能专注于其中;只有专注其中,才有机会克服困难,取得最终的成功。而且这样还有利于增强多巴胺系统的分泌功能。

不要给孩子筑墙

有些父母有丰富的人生经验,为了避免孩子走弯路,往往会在孩子的身边筑起一道看不见的围墙。然而,这堵围墙也会让孩子无法突破自己,造成孩子既性格敏感,又服从于父母的力量和权威,因此哪怕是非常小的局限,孩子也很难去跨越。

要知道,由父母建起的这堵围墙不一定真的安全有效,反而会限制孩子对生活的体验,难以迸发天马行空的创意,难以拥抱独特的经历。更糟糕的是,如果围墙是在父母的视角下筑成,那么孩子也会更容易以父母的视角看待世界——而不是以他自己的视角。

放手让孩子去经历

自主拥有过许多感官体验的孩子,在感官创造出的意义加持下,记忆力也会变得很好。身体感官的参与会增强孩子的无意识记忆能力,对于创意能力的培养也极有帮助。因此,孩子应当多去尝试,多经历失败。只会爬的婴儿可能要摔倒1000次,才能学会站起来走路。这1000次摔倒的意义就在于孩子能从中体验并获取经验。光靠父母教,孩子是学不会走路的。想学习和掌握新事物,就必须自己亲身学习知识和经验,然后进行模仿和再创造。

不要过早地解决问题

如果我们过早地帮助孩子解决问题,以内啡肽为主的阿片系统[①]就会处于稳定状态,但是多巴胺分泌系统却没有机会

---

① 大脑中的神经回路,有镇痛、产生快乐感等作用。——译者注

得到发育。多巴胺系统的发育需要自我效能感，而这种自我效能感则是在孩子表现出自己的不适感、父母慢慢地帮助孩子缓解不适感的过程中形成的。当孩子表现出不适感时，我们应当先思考这一举动的含义。例如，孩子哭闹的时候，我们不要急着喝止孩子，而是要首先思考孩子为什么哭闹。如果我们过早地止住孩子的哭闹，就不会有机会思考其中的意味，也会变得更加没有耐心。

孩子 2 周岁以前，我们应当尽早地帮助孩子解决不适感，建立孩子与父母之间的信赖感，促进阿片系统的发育；但是在 2 周岁以后，我们应该转而注重多巴胺分泌系统的发育，不要急于帮孩子去解决问题，而是引导孩子自己去思考原因和解决方法，这是孩子形成自我效能感的关键。

自律性：
放弃"管教孩子"的观念

特拉莎·阿玛贝尔（Teresa Amabile）在一项关于孩子美术创作的研究中，将受试的孩子分为两组，第一组孩子被允许自由选择美术创作的材料，而另一组孩子则被禁止自行选择材料，但是发放给他们的材料与第一组孩子相同。研究发现，拥有选择权的第一组孩子创作出的作品比没有选择权的另一组孩子更加意蕴丰富。决定权在自己手上，令第一组孩子产生了内在动机，从而能够创作出更加富有新意的内容。

大部分父母都会参加学校的实践观摩课程，与孩子一起去博物馆或展览馆参观。参观时，父母会拉着孩子的手去看馆中展示的各种藏品，无暇顾及孩子是否对此感兴趣。他们的注意力全在宣传或解说内容上，因为这会直接影响孩子的成绩。对父母来说，重要的不是孩子的内心，而是学习成绩。就这样，博物馆及展览馆对孩子来说无趣又无聊，他们不能想看什么就看什么，只是被父母牵着鼻子走。

父母应该为孩子做的，就是把孩子送到他们喜欢的地方，然后留给孩子足够的时间。赋予孩子选择的权力，就是弱化父母的权威与权力，在决策过程中引导孩子发挥自己的作用，在这样的土壤里培养孩子的自律性。

放弃管教孩子的观念

"管教孩子"这一观念，其实是建立在破坏孩子天性的基础之上的。想让孩子去学习或提高学习成绩，就需要一定的刺激；如果没有奖励或惩罚，孩子只会待在自己的舒适区偷懒。一旦父母放松监督，孩子就会在学习的过程中迷失方向。

然而，用这种观念来教育孩子是不可取的，好奇心和自主性是孩子最重要的天性。管教就是在破坏这种天性，把孩子束缚起来。

哪怕是赋予孩子权力，也无益于孩子建立起真正的自律。权力赋予，指的是父母将自己的一部分权力赋予心怀感恩等待着的孩子，看似给了孩子权力，其实这种权力是有限度的，画了框框的，倒不如说是用手段干练地控制孩子，灵活性也远不如真正的自律性。

如何培养"学得慢的孩子"的自律性？

父母支持孩子的自律性，意味着要把孩子当成一个"人"对待，意味着父母不是控制孩子的人，而是支持孩子的人。

接纳孩子的情绪

当父母给孩子设定自律的边界时，很重要的一点是接纳孩子的情绪。要想在不破坏内在动机的前提下培养孩子的自律性，首先要接纳孩子的情绪，无论是好的还是坏的。学习上也是如此，接纳孩子有厌学情绪是正常的，以此为基础，才能让父母改正对待孩子的态度。

只有无条件接纳了孩子的情绪，孩子才会感受到自己被完全地尊重，他的自我才能一点点成长起来。

不要"监视"孩子

成人都有这样的体验，在他人的"监视"之下工作，精神是高度紧绷的。孩子也是一样，他们一想到父母在监视着自己学习，就会一丁点儿学习的欲望也提不起来，学习的效率也会下降。而当孩子意识到学习过程由自己主导时，学习欲望也会增加。

与其控制孩子的生活，倒不如让孩子自己成为生活的主人。

把选择权交还给孩子

父母把选择权交还给孩子后,孩子会感受到父母对自己的认可,自己被父母视作完整的"人"。因此,在许多事情上,与被父母命令要求的孩子相比,拥有选择权的孩子往往做得更好。

当然,父母需要做的就是厘清哪些选择权是可以交还给孩子,完全由孩子自己做主决策的;哪些是需要孩子跟父母来商量讨论,共同作出决定的;以及哪些是绝对禁止的。

比如市面上有 5 种语文课外辅导书,父母发现其中 2 种还不错,其余 3 种则不怎么样。那么接下来,父母与其直接决定买哪一本,倒不如让孩子自己从这 2 种还不错的辅导书里进一步做选择。

避免作出破坏自律性的行为

美国斯坦福大学心理学教授马克·莱珀(Mark Lepper)认为,除金钱方面的奖励或威胁外,设定截止期限、设立目标、监督监管、评价等行为都会破坏内在动机。然而,这些行为实际上也是父母管教孩子的常用手段。孩子每经受一次这类行为,自律性就会遭到破坏,对于被迫做的事情失去兴趣与欲望。其实,父母不用"给我好好做!""你乖一点!"等压迫性的措辞,也能成功说服孩子。例如,"你可以玩沙子,但是不能拿沙子扔人哦！"

不要唠叨

自律性是一种欲求，希望按照自己的意愿主宰行为的欲求。如果这一欲求得不到满足，幸福感就会下降，并会出现各种不好的结果。如果我们问正在玩游戏的孩子："作业写了没有？"就可能会招致孩子没好气地反驳："现在正要写！"然而，孩子心中实际可能并没有"不能玩游戏了，现在该写作业了"的想法。就算孩子在父母提起写作业时自觉地关掉电脑，"写作业"这件事也仍是父母的要求，而不是出于自己的意愿。

尤其是父母再三的提醒与唠叨，最终会让孩子的自律性欲求消失得一干二净。

专注力：
"多巴胺学习法"的魔力

　　孩子经历一些事件后，之后的人生也会随之发生改变。哪怕是一期一会的体验，也会被大脑铭记与珍藏，而正是这些体验丰富了孩子的人生。对于生活在百岁时代①的孩子来说，再没有比丰富的人生体验更棒的礼物了。这种人生体验，可以是学习，也可以是家务，也可以是与朋友之间的交往与矛盾。

　　孩子的大脑正处于不断发育的过程中，在体验过程中，语言能力和认知能力都会得到提升，孩子表现出的社会性行为也会越来越多。大脑中负责这一功能的区域是前额皮质（prefrontal cortex），前额皮质在幼年时期的成熟速度最为迅速。

---

① 指人类的预期寿命不断增加，到达或接近100岁的时代。——译者注

成就感加持的"多巴胺学习法"

一个人即使只有过一次登顶,也会努力攀向更高的山峰。在终于克服艰难险阻、最终实现目标的那一刻,大脑中会分泌多巴胺,让我们被快乐感环抱。无论过程多么艰难,实现目标的快乐会让我们将曾经的艰辛忘得一干二净。这种多巴胺会令人上瘾,只要感受过一次多巴胺带来的快乐,就会为了重温这种快乐感而再次踏上挑战困难之路。

日本脑科学家茂木健一郎表示,给予大脑一定的压力是非常重要的。如果压力过小,就会没什么效果。如果说自己的实力是100%,那么给予"超出实力的压力"就能将实力发挥到120%甚至130%。例如,一个热衷解数学题的人,每解出一道题,大脑就会分泌多巴胺令他体会到成就感,在持续解题的过程中,大脑中与数学逻辑有关的神经回路就会逐渐得到强化。这一循环反复下去,人就会完全沉浸于数学的世界里。

称赞之类的微小契机能够刺激大脑的多巴胺学习回路,从而使自身的能力开花结果。所以,不要错过那些能带来成就感的微小契机。特别是对于"学得慢的孩子"来说,获取这种成就感极为重要。

如何让"学得慢的孩子"专注？

学习也是一种依赖于经验的成长。随着学习的深入，对孩子的注意力也提出了更高的要求。这里所说的注意力高度集中类似于大脑中有一个明亮的白炽灯，能够在不受外界干扰的环境里全神贯注地学习。这时，大脑会调动一切能够调动的部分，用眼睛阅读，用手写字，用嘴巴说话，全身心地投入学习过程当中，甚至除了眼前的课本，其他什么也看不见、什么也听不到。

那么如何让孩子进入这种"大脑白炽灯"状态呢？

培养孩子的自我效能感

要想培养孩子的专注力，孩子首先得有完成一件事情、取得一番成就的渴望，也就是需要具备一定的自我效能感。

而若想孩子具备自我效能感，就要有适合孩子独立思考水平的挑战。过于简单的挑战无法培养孩子的自我效能感，因为只有在坚持不懈、努力完成目标的过程中，自我效能感才会产生。当然，这并不意味着孩子必须拿到第一名。只要是有意义的挑战，只要在向着目标前进的每一步都尽自己所能，就已经足够了。

让孩子体会专注的感觉

专注常常被视为一种内在的快乐，但事实是，专注时并不快乐。这是因为，当我们专注学习时，一切情感都会消失，只集中于学习这件事本身。至于感到快乐，则是专注状态结束以后的事情。也就是说，快乐或愉悦的感受并不与专注的过程同步，而是出现于专注状态结束之后。

也就是说，专注地完成一件事情后，孩子产生感到快乐的荷尔蒙。而且跟成年人一样，孩子一旦尝到专注后的快乐，就会持续不断地渴求这种快乐。

让孩子专注于自己喜欢的事情

真正的专注少不了努力，也伴随着挑战。否则，孩子就会陷入轻轻松松就能获得快乐的虚假专注之中。如果"学得慢的孩子"体会过真正的专注，就会继续追求这种真正的专注。相反，如果没有体会过何为真正的专注，那么孩子就会对达到这一状态所需付出的大量努力感到畏惧，从而陷入虚假的专注之中。

若想让孩子既能经得起赞美也能经得起挑战，就让孩子专注于自己喜欢的事情吧。孩子专注于自己喜欢的事情时，不仅笑容越来越多，头脑也会越来越灵光。这是因为，大脑机能在这一过程中也会得到提升。

增加孩子的综合素质体验

有孩子对昆虫很着迷,他热衷于收集各种各样的昆虫,还会对照图鉴调查每种昆虫的特性,并在这一过程中积累了丰富的昆虫方面的知识。有一天,孩子对昆虫的兴趣突然转移到了机械上,又开始热衷于机械组装和机器人拼搭。

在这一过程中,孩子培养了自主探索的能力,搜集资料、提出问题、解决问题,学习建立某一领域知识体系的方法,这些都对狭义的"学习"有所帮助。一旦孩子具备了学习的综合素养,就有了创新和创造的源泉。这些看似无用的知识积累得越多,引发奇思妙想的素材就越丰富。

在高度专注的状态下与学习融为一体

"学得快的孩子"能够轻松做到将自己与学习一体化,一旦他们发现学习存在问题,就会立刻着手解决。也就是他们不需要经过要不要做、该怎么做的过程,而是自动地去处理问题。在这样的状态下,孩子就是非常单纯地在享受学习了,就是我们所说的高度专注的状态。

许多运动员在比赛中都处于这种高度专注的状态。棒球选手投出的球,在选手自己看来如同静止了一样;足球选手向队友的传球方向,在选手看来就像在纸上画出一条直线。

在这样的状态下,学习的效率会大大提高,这也是我们希望"学得慢"的孩子们能够达到的目标。

心理弹性：
让孩子拥有强大的内心力量

导致孩子"学得慢"的成长环境大致可分为两种：第一种是父母处于茫然状态，既不了解自己期待孩子长成什么样子，也不了解该怎样做才能让孩子从内到外都有所成就。处于这种环境中的孩子完全或几乎没有任何学习动机，也就是陷入了"动机丧失状态"。第二种是父母专制的环境，父母用强迫、压制、笼络的方式管控孩子的思想举止和情感。这种环境让孩子身陷被动，父母怎么要求他们就怎么做，也许偶尔会反抗一下，但更多的时候像是父母的"提线木偶"。

不管是在家庭还是在学校里，那些学得快、积极向上的孩子能收获更多的关注和肯定，被给予更多的空间。而那些学得慢、消极怠工的孩子则会收到更多的严苛以及专制。

但这两种不同的环境，会导致孩子之间的差距越来越大。学得快的孩子会变得更加积极自律，而学得慢的孩子则会变得更加消极被动。父母与老师的本意是想要帮助学得慢的孩子从"他律"变成"自律"，但往往结果却正好相反，反而造成了他们"学得慢"的程度更加严重。

父母会发现,孩子在愉快、轻松的心情下,学习效率更高;而当孩子与朋友吵架后、被父母严厉批评后、看完悲伤的电视剧后,可能会因为心情沉重而无法投入学习。心态会影响我们的身体和言行,特别是大脑发育尚未完全成熟的孩子,他们的情感起伏较大,随之出现的行为变化会影响学习的速度。

愤怒、恐惧、厌恶、焦虑,这些负面情绪一旦产生,学习时就会格外吃力。这与大脑的结构有关。大脑内侧存在着杏仁体与海马体等组成的边缘系统,杏仁体负责我们的情绪,海马体则负责我们的学习与记忆。当杏仁体受到负面情绪的刺激,相邻的海马体也会受到影响而无法发挥功能,导致我们的学习能力受到影响。

适当的紧张与焦虑有助于刺激学习动机、保持注意力集中。然而,如果压力过大,注意力就会减弱,记忆也会出现困难,孩子的整体学习能力就会下降。"学得慢的孩子"承受的压力更大,休息时间不足、注重成功与竞争的大环境、父母与老师的极高期待、成绩带来的压力等是主要原因。尤其是考试期间,孩子的精神压力最大,严重时不仅会出现头痛、腹痛、消化不良,还会出现"考试焦虑症",也就是大脑变得一片空白,什么也想不起来。

19世纪的法国医生艾米尔·库埃(Emile Coué)发现,如果患者进行自我暗示"每天我在所有方面都变得越来越好",

那么恢复速度就会越快。"学得慢的孩子"如果能积极地评估自己当天所取得的小小成就，并期待明天更好的自己，对克服压力和焦虑有非常大的帮助。对"学得慢的孩子"来说，重要的是摆脱负面情绪，恢复自信。

有关心理弹性的研究

在仁属于心理弹性较强的孩子。他从小活泼好动，语言水平在平均线以上，在许多事情上做得比其他小朋友都要好。进入小学后，在仁的劲头更足，对解决难题表现出极高的兴趣。在仁的妈妈说，在仁是让人省心的孩子，既听话，又不挑三拣四，在哪都不会惹是生非。

在贫困环境长大的孩子比成长于富裕环境的孩子更容易遭遇各种问题，然而，即使成长的环境受到不利因素的制约，也有许多贫困家庭的孩子成长得很好。心理弹性方面的研究从很早以前就开始关注这种现象，为什么有些人在幼年时期有过创伤经历却依然过上了成功的生活，为什么有些人却会因为类似的经历而彻底崩溃。

研究发现，有这样一种性格特点，它能像保护膜一样，帮助人们克服困难。起初，研究者们认为这种能力是天生的，但是最近的研究发现，这种能够克服即将到来的危机与压力的"抵抗力"，是多种因素共同起决定性作用的结果。

著名心理学家埃米·沃纳（Emmy E. Werner）将这些因素分为个人因素、家庭因素和社会因素。其中，个人因素在幼年时期就开始发挥作用了。

个人因素

在心理弹性较强的儿童身上，埃米·沃纳发现了一个共同特点：自信，也就是能够完成某件事，并为此感到自豪。拥有实现人生目标的坚定意志，以及制订并执行计划的能力就属于这一范畴。

家庭因素

在家庭中，良好的家风、家人间的信任、父母的模范作用都有利于增强孩子的心理弹性。研究发现，这种积极作用跟性别有关，当男孩与女孩信任的同性别家人做出榜样时，他们从中受到的积极影响会更多。

社会因素

社会环境也会对心理弹性造成影响。当孩子身处逆境或遭遇创伤时，身边的朋友可以成为孩子的精神支柱。但埃米·沃纳认为，除了朋友之外，在艰难时期一直支持孩子的人，或是孩子视为榜样的、年长的人生导师也是让孩子增强心理抵抗力、恢复心理弹性的重要帮手。

通过对夏威夷考艾岛的孩子们长达40年的纵向研究，埃米·沃纳提出了心理弹性的概念。考艾岛的社会环境并不利于孩子成长，然而尽管如此，仍有不少孩子长大成才，走向了成功。而这些孩子都有一个共同特点，那就是3岁前，都有一个非常爱他们的大人守护在他们身边。

如何培养"学得慢的孩子"的心理弹性？

我们身上的肌肉能为生活注入活力和生命力，心理弹性则保护我们不受绝望、挫折等各种侵入内心的杂乱情绪的干扰。我们可以通过运动来锻炼肌肉，同样的，也能通过专门的训练来培养心理弹性。

积极、客观地接受一切

心理弹性可以通过一定的训练后天习得，简单来说，就是重组大脑，训练大脑在遇到负面事件或失误时，能够客观地接受所发生的现实，从而转变心态，更积极地去面对问题、解决问题。

在逆境与犯错时为孩子加油打气

如果孩子能够控制自己的情绪,不仅能调节愤怒、烦躁等负面情绪,还能在需要时自主地激发高兴、愉悦等积极的情绪,那么在面对困境时也能相信自己、独立决策。怎样才能让孩子拥有这样强大的内心力量,将心态从"怎么又遇到困难"调整到"多亏了这次困难"呢?我们作为父母,首先要做的就是在孩子面对逆境或者犯错时加油打气,让孩子看到爸爸妈妈一直都坚定不移地相信自己的选择和决定,并无条件地在支持、帮助自己。

快乐比成功更重要

有些父母会有这样的担心:如果孩子考得好,表扬孩子有可能会让孩子自满,不再努力。在竞争如此激烈的社会,孩子不能停下脚步,更不能自满,只有如此,才能更好地适应这个社会。因此,即便孩子表现得足够好,父母也吝啬于对他的夸奖。

这其实就是把孩子的成功看得比他的快乐更重要。但快乐本身就是一种通过心灵接收到的奖励,一颗充实的内心,对思考和行动都能产生决定性的影响,这也是心理弹性的重要源泉。

为孩子提供实质的帮助

面临考试压力时,如果孩子知道无论自己考得多差劲,父母都喜欢自己、爱自己,那么他就更容易克服这种压力。"你能做到!""这次没考好也没关系,我们来看看是哪里出了问题。"这样的话能给予孩子更多的情感支持。

在此基础上,给孩子提供实质性的帮助,比如整理有效复习的方法,从根源上消除孩子对考试的恐惧。还可以教给孩子一些减压放松的方法,比如深呼吸、看书、积极联想等,培养孩子的抗压能力。这些方法从小学时就可以教给孩子。

阅读：
通过"一万小时定律"养成习惯

20世纪著名心理学家迈克尔·豪（Michael Howe）曾这样评价莫扎特："莫扎特小时候创作的协奏曲，特别是前7首钢琴协奏曲只不过是将其他作曲家的作品重新排列而已。现在被誉为杰作的协奏曲，是莫扎特在21岁时写出来的。那时距离莫扎特开始创作协奏曲已经过去了10年。"总而言之，莫扎特能成为世界级音乐家，其实是"天赋＋练习"的结果。随着时间的推移，天赋的作用会逐渐减弱，后天练习带来的影响力则越来越大。人与人实力上的差距，归根结底在于努力程度的差异。

掌握演奏乐器、绘画等艺术技能，游泳、花样滑冰等运动技能，数学、外语等认知技能，都可以通过丰富的经验和大量的练习，增强原有突触的功能，或是形成新的突触。阅读也是这样，若想取得优异的成绩，就必须达到最低限度的练习量。

在阅读这方面，孩子的大脑中并不存在遗传编码形成的突触，因此必须通过依赖现有经验形成的神经回路，即视觉、听觉、语言、运动的神经回路,生成新的突触。如果孩子接收阅读上的刺激高达 100 倍以上,那么孩子的阅读能力也会高于其他孩子 100 倍以上。

后天练习的方式并不只适用于儿童时期。成年人也可以通过后天的学习和训练刺激增加突触的数量,形成更加发达密集的神经网络。也就是说,从何时开始刺激并不重要,重要的是刺激了多少、刺激到什么程度。

马尔科姆·格拉德威尔(Malcolm Gladwell)在《异类》(Outliers: The Story of Success)一书中表示,任何人只要能在某个领域投入 1 万小时以上,就能成为该领域的顶尖人士,这就是"一万小时定律"。如果将 1 万小时分配到 10 年里,大约需要每天投入 3 小时、每周投入 20 小时——我们若想大脑达到成功人士的水平,就需要投入如此多的时间。

阅读时的大脑

多阅读不仅能够丰富自我,还可以间接体验到各种乐趣。因此,养成阅读的习惯,如同获得一生的财富。阅读还有助于思考力、感受力、想象力、表现力的培养,而这些都是构建语文能力的重要方面。

阅读时,孩子大脑中的前连合、枕叶、额叶、颞叶等多个区域会变得十分活跃。而且，这种脑部活动会在左右脑中同时产生。因此，阅读是激活大脑最有效的方式。

大声阅读即朗读能够激活大脑中 70% 的区域。朗读时，枕叶的视觉中枢首先会将看到的文字信息进行处理，然后颞叶负责处理文字的形状，角回（angular gyrus）负责处理文字的含义。到这一步，与默读文字时大脑的处理过程几乎是一致的。然而，朗读比默读还要多一步，那就是声音被发出并重新被自己的耳朵听见。因此，出声朗读时，额叶的布罗卡区（Broca's area）及运动中枢开始运转，颞叶的听觉中枢也被激活，负责思考的前连合区域也变得比之前更加活跃。

出声朗读能够同时激活脑内大部分区域，朗读时大脑的活跃度比默读高达 3 倍左右。

如何帮助"学得慢的孩子"培养阅读习惯？

"学得慢的孩子"若想做到"一万小时定律"，最重要的是养成好习惯。阅读，则具备好习惯的所有特征。

首先，阅读不会让孩子感到抗拒。其次，阅读会让孩子有所收获，产生自我认同感。刚开始坚持阅读时，会担心哪天漏掉或者半途而废，但是当阅读成为习惯后，孩子就会下意识地主动拿起书看。这就是习惯的力量。

读故事给孩子听

如果孩子缺乏良好阅读态度,如果孩子的理解能力、专注能力不足以支撑自己看书,我们就不能将书扔给孩子,让孩子自己去读,这是不负责任的行为。孩子在对阅读产生兴趣、理解能力和专注能力达到一定程度之前,与爸爸妈妈一起阅读是个不错的办法。

当然,若想获得满意的阅读体验,首先还是要从听故事开始。听故事是人类早自原始时代就有的文学体验方式。给孩子读故事听时,不能因为孩子什么都不懂而敷衍应付。孩子遇到不懂的地方,就会问问题。问题一提出,孩子与父母之间就有了交流和互动,父母也会逐渐懂得如何给孩子读故事。读故事的父母,也会被孩子视作阅读的榜样。跟随父母的脚步,孩子还会意识到,原来印刷在纸上的"密码"竟是如此神秘。

保持自律

当孩子变得自律,就会很神奇地对阅读产生兴趣。当然,孩子的兴趣也可能会表现在其他方面,这时我们最好给孩子自由,并耐心等待。如果中途孩子的兴趣点在书籍和玩具之间来回徘徊,这也是成功的表现。如果孩子不自律,那么无论是多么有意思的故事书,也无法吸引孩子的兴趣。即便孩子暂时对阅读没什么兴趣,只要我们给孩子自由的空间并耐心等待,总有一天，孩子会捧起故事书津津有味地读起来。

观察孩子的阅读态度

我们要细心观察孩子的阅读态度。在没有父母要求的情况下，孩子是否会自己找书看；给孩子一本书，看孩子是会偷偷看父母的眼色，继续吊儿郎当地玩耍，还是会认认真真地把书看完。每个孩子的阅读喜好和方式不同，不能盲目地劝说孩子多阅读，而是要充分思考适合孩子的阅读方法。

激发兴趣，让孩子体验到学有所得的快乐

孩子喜欢上一本书，或讨厌一本书，也许就是一瞬间的事情，或是因为一个好看或不好看的封面。我们要尊重孩子的喜好，让孩子看自己想看的书是最好的选择。虽然很多情况下，孩子喜欢什么书、想看什么书都只是出于暂时的兴趣，但是没关系，孩子在慢慢的摸索中，也许会发现自己真正的兴趣所在。

学习的感觉、进步的感觉、学到新知识的快乐，对努力求知的自己满意的感觉……这些感觉会让孩子收获成就感、树立自信心，更加积极地参与其他智力活动。同时，这些感觉也会成为孩子走向独立阅读的源动力。

电子设备：
"学得慢的孩子"的绊脚石

父母很容易认为，孩子使用电子设备是出于有用或有趣。然而，电子设备的使用与习惯有很大的关系，比起从中获得什么，孩子使用电子设备更主要是用来打发时间。

当然，这并不是说电子设备枯燥无趣、无法带来任何信息、没有任何教育价值。但即便孩子使用电子设备是为了有用或有趣，这一行为也会随着时间的推移，脱离其原本所追求的价值，变成一种自动的、无意识的习惯。这样一来，即使电子设备播放的影像无聊乏味，孩子也会习惯性地继续看下去。

长时间盯着电子设备会带来许多弊端。首先，电子设备牢牢占据了孩子的许多时间，致使孩子用在情绪交流、阅读、户外活动、朋友社交、睡眠、家人交流的时间减少，而这又会直接导致孩子的自我调节能力、语言能力、社交能力、运动能力、创造力下降。

看电视

曾有一项研究,将看电视的时间不超过 4 小时的孩子与超过 4 小时的孩子进行比较,发现后者的语言能力发育迟缓的风险高出 2 倍以上。而有些因语言发育迟缓、表情呆滞、不与父母对视而接受治疗的孩子,如果不让他们看电子设备,这些症状就会得到改善。

有些父母几乎一整天开着电视,从外面回到家后的第一件事情就是打开电视。过多地暴露在电视的声音、影像之下并不利于孩子的成长。

首先,我们要限制孩子看电视的时间。只要电视开着,孩子就会被吸引,那么玩玩具、与父母一起看书、锻炼身体的时间就会减少。最好能打造一个没有电视的空间,专门让孩子做自己喜欢的事情。

其次,我们可以允许孩子看电视,但最好是在父母的陪同下观看。这是能够做到自觉打开电视、关掉电视的唯一方法。与孩子提前商量好看什么节目,以及为什么看、看多长时间。这样,孩子就能产生责任意识,学会正确面对电视的诱惑。

最后,别让孩子一直锁定儿童频道的动画片,而是引导孩子多看一些优秀的纪录片,然后一起来谈论节目的内容,帮助孩子充分理解,有更多的收获。

智能手机和平板电脑

如果说在过去,电视是导致孩子沉迷的主要原因,那么现在,智能手机和平板电脑已经成为新的威胁因素,越来越多的孩子从小就经常接触这些电子设备。

孩子们在使用平板电脑学习的同时,还能熟练地玩游戏、使用各种 APP。哪怕不是沉迷于游戏,孩子也很容易陷入电子设备本身带来的诱惑。在一项关于对学习类 APP 的认知调查中,父母们回答称,孩子表现出最多关注的是学习类 APP 中的色彩鲜艳的图画和各种音效。即便学习类 APP 的目的是帮助孩子更好地学习,但孩子们最后往往沉浸于画面和音效带来的刺激。所以也有观点认为,游戏形式带来的学习效果有限,因为这主要刺激孩子的视觉和听觉,能够锻炼到的部位只有眼睛和手指,对于大脑发育的促进作用微乎其微。

韩国广播通信委员会和韩国互联网振兴院进行的网络使用实况调查结果显示,韩国约有 85.5% 的 3—9 周岁儿童已经会使用互联网,每天上网次数在 1 次以上的儿童占总体人数的 65.8%。成长期儿童经常接触电子设备会导致大脑发育不均衡,对于认知能力和情绪调控能力的培养也会产生不利影响。孩子从小电子设备不离手,青春期产生网瘾、游戏上瘾的风险也会大大增加。尤其是携带 ADHD 倾向的孩子,他们大多喜欢追逐新鲜事物,智能手机、平板电脑等能够带来强烈刺激感的事物会让他们的 ADHD 倾向更加严重。

怎样帮助"学得慢的孩子"养成良好的电子设备使用习惯?

近年来,许多学校开始用电脑授课,许多作业也需要用电脑完成。在这一趋势下,使用电脑也成为孩子应当掌握的一门技能。然而,如果我们在孩子的房间里配备电脑,却不管孩子用电脑做什么,那么孩子很容易沉迷于网络和电脑游戏。父母如果疲于照管孩子,为了自己能够休息一下而放任孩子肆意无节制地玩手机、看电视,也会埋下诸多隐患。

如果孩子每天花在电子设备上的时间长达三四个小时,就会容易上瘾。尤其当孩子一直坐在电脑前,身体就会减少活动,从而导致发育不均衡。而且,只要不盯着电脑屏幕,孩子就会表现为情绪焦虑,甚至暴躁不安、大发脾气。

与孩子共同制定使用时长和规矩

是否允许孩子使用电子设备,不应该只凭自己的心情,而是应当遵循一定的章法。如果孩子已经养成了使用电子设备的习惯,甚至是有了沉迷的倾向,那么就需要我们与孩子共同商议每天使用电子设备的具体时间。当孩子使用电子设备时,我们可以在旁边放一个闹钟。孩子想看的节目播完后,就必须关掉。不可以一边吃饭一边看电子设备,学习时更不能一心二用。

在此基础上,逐渐缩短孩子使用电子设备的时间,才是比较实际的办法。

让孩子记录使用电子设备的时间

孩子并不知道自己花在电子设备上的时间到底有多久,如果能将每天使用电子设备做了什么事情、使用了多长时间都一一记录在案,那么情况就变得一目了然,孩子自己也会产生强烈的改正意识。很多电子设备上目前都有记录使用时间的功能,可以好好利用。

让孩子多运动

适当的运动和流汗能够有效抵制电子设备的诱惑,这是将孩子从电子设备中解放出来的最佳办法。让身体动起来,与家人、朋友充满活力地运动玩耍,在大自然中敞开心扉,与昆虫等各种小生灵和谐相处能带来莫大的乐趣。

帮助孩子寻找"平替"

要想让孩子摆脱电子设备的诱惑,除了运动,桌游、搭积木、玩黏土、堆沙子、做手工、画画等都是很好的选择，能让孩子体会到发挥创意带来的快乐。如果孩子的年龄更大一些，还可以尝试国际象棋、围棋、五子棋等各种棋类游戏，既可以开动脑筋思考，还能在对弈的同时增进人际交往与交流。

善用代币奖励（token economy）[①]

代币奖励遵循经济原理，通常应用于行为治疗。我们可以制定一个目标，当孩子达成目标或是做出顺应目标的行为时，我们可以用代币或积分奖励孩子，孩子可以用代币兑换其他物品。

例如，如果制定的目标是"一周玩游戏的时间不超过3小时"，那么我们可以发放给孩子6张"30分钟游戏券"或12张"15分钟游戏券"。当孩子想玩游戏时，可以用游戏券来换。这一方式的优点在于将肉眼看不见的时间形象地转化为肉眼可见的游戏券，孩子通过管理游戏券的数量，就能自觉地分配玩游戏的时间。这一方法可以有效地锻炼孩子在欲望面前的自制力。

---

①又称代币经济、代币制，通过获得、积攒代币达到强化正当行为、消除不正当行为的目的。——译者注

第四章

父母做对，
孩子才能"学得好"

减压：
为孩子创造轻松、自在的环境

有些父母不考虑自己孩子的实际情况，不停地把孩子往前赶。比如，要求孩子所有科目必须考100分、第一名，必须交好的朋友，必须考上最好的大学。

"学得慢的孩子"如果一直生活在这样过高的要求与期待之中，就会感受到巨大的压力。这些压力在初期会引起焦躁、担心、忧愁等焦虑情绪。如果这种压力持续的时间过长，孩子无力克服，就会发展为各种精神疾病。压力引起的常见精神疾病有适应障碍[1]、焦虑障碍[2]、情绪障碍[3]、饮食障碍[4]、睡眠障碍、体像障碍[5]、酒精相关障碍[6]等。

---

[1]在生活或环境发生明显改变或变化时，容易陷入烦恼状态、情绪出现失调。——译者注
[2]对各种事情过分担心及焦虑。——译者注
[3]正常情感反应的夸张、混乱和减退。——译者注
[4]食欲和饮食行为的增加或减少。——译者注
[5]过度关注自己的体像并对自身体貌缺陷进行夸张放大或臆想。——译者注
[6]长期或大量饮酒对中枢神经系统造成损害，导致发生的精神障碍，包括酒精滥用与酒精依赖。——译者注

压力大不只会引起精神疾病，还会导致身体疾病。我们的身体在压力面前十分脆弱，肌肉骨骼系统、肠胃消化系统、心血管系统等都会受到影响，从而引发紧张性头痛、肠易激综合征、高血压等。如果孩子长期受到压力折磨，身体的免疫功能也会下降，很容易生病，表现为经常感冒、浑身乏力等。

巨大的压力会对孩子产生怎样的影响？

当父母给孩子带来压力时，孩子的大脑马上就会释放出三种激素：第一种是下丘脑分泌的促肾上腺皮质激素，它能发挥强大的作用，促进肾上腺素的分泌；第二种是肾上腺髓质分泌的肾上腺素，它能令人心跳加快、肌肉供血量增加，让身体进入适合采取"逃跑行为"的状态；第三种是肾上腺皮质分泌的皮质醇，它能升高血糖、增加身体的能量消耗、削弱疼痛感、抑制炎症反应、使免疫系统活跃起来。

压力会使孩子的神经陷入紧张状态，情绪也变得非常敏感，变得爱钻牛角尖，对每件事都抱有否定消极的态度。同时思维受限，解决问题的能力也随之下降。还可能会使孩子觉得浑身无力、容易生病。

长期处于压力状态还会麻痹大脑中负责解决问题的中枢，也就是前额叶；激活能够诱发自发习惯行为的感觉与运动中枢，也就是纹状体。换句话说，压力会将我们的情感脑消耗殆尽，还会打破自律神经系统的稳定状态，导致我们需要消耗大量的能量才能恢复到原先的状态。而且，如果压力持续1~3年，就会很危险。交感神经系统持续超负荷运转，哪怕微小的刺激也会增加我们的压力，最终导致我们的精神力量枯竭，陷入冻结、抑郁、失去希望的状态。

父母去世、离婚，或与其他深爱的家人分离，是导致孩子产生巨大压力的外在因素。除此之外，疾病、身体损伤、缺乏运动、营养不良、睡眠障碍等生理异常状态也会导致压力的出现。

对于"学得慢的孩子"来说，他们面临的压力可能更大。因为他们在家庭、幼儿园、学校里出现问题或矛盾的概率更高，心理上也会承受更大的负担。

当然，完全没有压力也不一定对健康十分有益。对"学得慢的孩子"来说，完全没有压力，他就会持续感到倦怠，进一步演变为习得性无助。只有承受适当的压力，专注力与记忆力才会提高，从而提高学业的成就感，进一步有利于身体健康和精神健康。

积极心理学家马丁·塞利格曼（Martin E.P. Seligman）认为，如果消极地面对压力，最终会导致患病；但是如果积极地接受压力，就会变得更加幸福。也就是说，对压力的认知和评估非常重要。当压力因素出现，我们首先进行评估：是威胁性的，还是值得挑战的。如果具有"威胁性",那么就需要采取对策来应对这种威胁及其带来的负面情绪。

如何为孩子创造轻松的环境?

与其在问题产生后想办法解决,不如事先预防。父母需要做的是在日常的生活中尽量给孩子提供一个轻松、自在的环境,注意自己的行为和语言,并给孩子提供更多自主的空间。

让孩子直接表达想法与情绪

如果孩子平时被允许充分表达自己的想法、感受、意见,他们疏解压力的通道就是通畅的。哪怕遇到挫折或是受到不公正待遇时,也能够作出应对,而不是默默自己消化。让孩子自由地表达,即使错了也没关系;允许孩子有各种各样的情绪,即使是负面情绪也没关系。在这样的氛围下,孩子才有正确面对压力、应对压力的可能。

减少唠叨

站在父母的角度,唠叨是善意的关心和提醒,是为了孩子好。但从孩子的角度,重复、冗长地唠叨同一件事,会让孩子感到压力,从最初的接受到不耐烦,最后产生反感、讨厌的反抗心理和行为。哪怕孩子已经坐在书桌前准备学习了，父母一唠叨，他可能就会变得逆反，看看这个、摸摸那个，身体扭来扭去地坐不住。

不停地唠叨，也会给孩子这样的心理暗示：我不行，我就是做不好，我一定会搞砸，最后真的像父母唠叨的那样，变成一个没办法为自己负责的、永远长不大的孩子。

减少训斥

训斥是父母在使用自己的权威，居高临下地指责或者批评。面对孩子成长中的问题和错误，比起训斥孩子，更应该去倾听孩子感受到的压力、承认孩子遇到的困难或艰辛、接纳孩子本来的样子。这样才有助于消除孩子的压力，唠叨与训斥反而会加重孩子的压力，让孩子更加畏畏缩缩，丧失自信。

让孩子自己寻找解决问题的办法

引导孩子自己解决问题很重要，在面对压力的时候，跟孩子一起分析压力的来源，讨论解决问题的办法。具体来说，就是多提问，与其直接给答案，不如用提问的方式让孩子自己思考，自己解决问题的能力才是孩子在以后面对压力时最有力的武器。

好好说话：
保护孩子探索的欲望

父母要学会好好说话，有时候，孩子的欲望是被父母不好的语气浇灭的。在尊重孩子的基本原则下，父母需要掌握培养孩子欲望的交流方法。

用对了说话方式，是能够激发孩子的好奇心的。比如，当孩子问我们："为什么蛋黄是黄色的，而蛋清是白色的？"我们一定要先夸一夸孩子的好奇心："你这个问题挺好，但是这个妈妈（或爸爸）也不知道呢，我们一起查一下吧！"孩子听到父母夸自己提问很棒，就会愿意去思考，提更多的问题。

而如果父母粗暴地回答"本来就是这样的"，或是"我也不知道"，那么孩子想要探索的欲望就被扼杀了。

当然，这也并不意味着为了培养孩子的好奇心，父母每次都必须有准备、有目的地回答孩子的问题。父母不是专业的咨询师，辛苦工作一天回到家也非常累，无法每次都心平气和、有耐心地与孩子交流。自然而然、不带任何策略或意图，就是最好的交流方式。

哪些语气会毁掉孩子？

比较的语气

当父母把孩子与他人比较时，无论是夸别人家孩子，还是夸自己家孩子，都会让孩子感受到父母的爱并不是无条件的：自己不如别人，爸爸妈妈喜欢的是更优秀的孩子；自己比别人强，万一哪天自己退步了，爸爸妈妈还会同样爱自己吗？

一旦比较，就有高低，而孩子是不能简单地用某个单一的能够量化的指标——比如成绩——来衡量的。

否定的语气

父母经常会对孩子说"不行""不可以"，尽管大部分是对某些情况下的某种行为的否定，但经常听到这些话的孩子，会觉得父母其实是在否定自己，久而久之孩子自己也会产生"我不行""我做不到"的想法。因此，父母应当有意识地避免使用"不""不行"等带有否定意义的话语，而是换成"我希望""你可以"，简单的一个转换，就能避免在孩子心中刻下伤痕。

威胁的语气

"写不完作业就不准吃零食！"

"不好好学习，就不准打游戏！"

这是否也是你经常挂在嘴边的话？因为这种表达方式简单粗暴见效快。可是孩子听到的次数越多，就会变得越无动于衷，甚至产生逆反心理，实际的效果并没有想象中那样好。而一旦不见效，父母就会使用更强烈的威胁语气或采取严厉的惩罚，结果形成恶性循环。

把"如果你不……就……"的句式换成"你打算什么时候开始做""你打算怎么做"或"做完后想干什么"，既避免了使用威胁的语气，也把主动权交还给了孩子。

带着情绪的语气

语气中带有情绪之所以不好，是因为话语的本意会被情绪左右而消失殆尽，只剩下没有向孩子解释为什么这件事不能做或应该做、不分青红皂白就发怒的父母。当父母带着情绪说话时，无论孩子回答什么，父母都会深陷情绪的旋涡，继续冲孩子生气。

而且，当父母的语气带着情绪时，就不太听得进孩子的解释，而是希望立刻、马上压制住孩子，事情的真实情况如何，孩子的想法和动机是什么，就都不是父母关心的重点了。当孩子辩解"不是我一个人做的，×××也一起做了"时，父母只会更加生气，怒斥孩子"不许找借口，你不是也跟着做了吗！"站在父母的立场来看，我生气是因为你做了错事，却将责任推到别人身上；可是站在孩子的立场来看，我确实做了错事，但希望父母知道并不是只有自己这样做。

嫌弃的语气

孩子最害怕的,就是被父母讨厌和嫌弃。父母一定不能说否定孩子存在的话,也不能说否定孩子人格的话。"这样做才是妈妈(或爸爸)喜欢的好孩子"这类话哪怕并不含带威胁语气,也并不提倡对孩子说。因为这句话反过来就是"妈妈(或爸爸)讨厌不这样做的孩子",话语中传递出的信息是"我对你的爱是有条件的"而不是"全心全意地支持孩子",这会让孩子陷入焦虑。

如何说才能保护孩子的探索欲?

少用否定词

父母经常会讲"怎么作业还没写"这样夹带否定和指责含义的话语。即使语气已经十分温和,但是话语中出现的"没""不""不行"等否定词很难让孩子乖乖接受。相比之下,"写作业吧""写完作业玩起来更开心"等纯粹而积极的话语效果会更好。

与孩子产生共鸣

如果父母与孩子之间有共鸣，那么孩子一想到父母理解自己的心情，就会感到舒适和放松，从而更容易听进父母的话。尤其当孩子悲伤、难过、疲惫时，与其产生共鸣极为重要，再给予安慰和鼓励，和孩子多聊一聊，帮助孩子把心里积压的负面情绪清空。只有这样，孩子才会接受父母下一步的建议。为了表示我们对孩子的话语与行为深有同感，多用"原来是这样啊"的句子，来表达你接收到了孩子的信息，并且理解他当下的心情。

读懂并模仿孩子的情绪

想要用好"原来是这样啊"这个句子，可不是顺口一说，而是应当了解孩子的内心。如果只凭猜测，反而会弄巧成拙，错过与孩子好好交流的机会。这时有帮助的做法是，读懂孩子的情绪，并进行模仿。当孩子考得比平时好，高兴地说"妈妈（或爸爸），我做对了6道题！"时，如果父母没有表现出跟孩子一致的情绪，就会让孩子感到困惑："妈妈（或爸爸）不高兴吗？""这不是值得高兴的事情吗？"他会对自己的情绪产生怀疑，不知道什么时候应该高兴，渐渐地就不再表达自己的情绪。而如果父母能够读懂并模仿出与孩子相同的情绪，孩子就会知道表达自己的情绪是安全的，是能够得到回应的。父母应当把关注的焦点更多地放在孩子的情绪上，而不是某个事实上。

使用间接话术

有一种叫做"我信息（I message）"的沟通话术。父母不冲孩子发泄自己的情绪，而是告诉孩子"你的行为让我产生怎样的情绪"。比如，当孩子耍赖时，父母不要说"你怎么总是耍赖"，而是换一种方式说"我有点扫兴，因为你答应妈妈的事情没有做到"。这种"我信息"的表达方式重点不在于指责，而是客观地传递对方的行为对"我"造成了什么样的影响，"我"当下真实的感受如何，从而让对方也能站在"我"的角度去理解"我"。另外，这种间接的话术也不会让孩子感到自己被攻击，能减少孩子被话语伤害。

开放型提问

很多父母都喜欢问这样二选一的问题："喜欢爸爸还是妈妈""想周六去还是周日去"等。其实，与二选一的封闭型提问相比，"为什么想在周日去？"这样的开放型提问更能拓宽孩子的思考范围。

灵活变通

例如，孩子想用刀时，我们不要急忙否定"不可以！不安全"，而是要学会灵活变通，给想用刀的孩子准备安全的儿童刀具，并教给孩子正确使用刀具的方法。这样才能让孩子在求知欲最旺盛的时候，在安全、可行的范围内大胆尝试。当孩子体会到"我做到了"的成就感后，就会变得越来越自信。

　　除此之外，幽默也是一种让亲子关系更加灵活的方式。当我们想让孩子做什么事时，如果换种有趣的、幽默的方式去表达，孩子就会高兴地按我们说的做。"接下来要做什么来着？吃饭？写作业？不对，不对，是洗手吗？""提问！哪件事情是睡觉前必须要做的？ A.吃饼干，B.上学，C.刷牙。"与直接命令孩子"去做××事！"相比，这种幽默的说话方式更能让孩子欣然接受，孩子与父母的关系也会越来越好。

"直升机父母""割草机父母"vs"人造卫星父母"

慧珍升入高年级后,她的妈妈仍然时常在孩子身边打转。慧珍写不完作业时,妈妈就会向老师解释慧珍没写完作业的原因,请求老师谅解;慧珍与同学们吵架时,妈妈也会介入其中;慧珍上学忘记带什么东西了,妈妈就亲自送到学校;慧珍有一点生病的迹象,妈妈就会把她从学校接回家。为了慧珍,妈妈不惜做任何事情。

儿童心理学家与教育学家曾提醒过家长,如果孩子从小被父母照顾得太好,长大后就会丧失独立能力。如果什么事情都由父母代替孩子做决定,那么孩子的自律能力就得不到培养,而且也会变得不合群。这样的孩子成年后,也会一直离不开父母的帮助。

而且,就算我们尽最大努力为孩子提供最好的东西,孩子也仍然会犯错、会失败。我们的人格正是在错误与失败的经历中建构起来的,而不是在脱离现实的、被过度保护的状态下形成的。

"直升机父母"

"直升机父母"是指像在着陆点周围上空盘旋的直升机一样，掀起强烈的气流介入孩子生活的父母。

他们总是待在孩子身边，干涉孩子的一举一动，事无巨细地为孩子操心，为孩子解决掉所有遇到的问题，导致孩子被过度保护。他们干涉孩子的学习、交友、就业、结婚，把孩子的未来牢牢攥在手上，结果只是造成了无法独立的、一直依赖父母的"妈宝男""爸宝女"。

"割草机父母"

"割草机父母"指的是那些把草坪修理得平平整整的，为孩子扫清前面所有障碍的父母。美国常青藤名校之一宾夕法尼亚大学短短13个月期间竟有6人自杀。当时的美国舆论认为，大学生自杀人数增加的原因之一就是"割草机父母"越来越多，父母的过度保护造成了孩子的抗压抗挫折能力下降，且降低了孩子的欲望，导致孩子的自杀率越来越高。"割草机父母"一词因此开始进入大众的视线。

做"人造卫星父母"

在"直升机父母"与"割草机父母"之外,我们有更好的选择,那就是做"人造卫星父母",也就是像人造卫星那样沿着固定的轨道环绕地球运行,事事都会留给孩子一定的空间、不会过分插手干涉的父母。

关注孩子的欲望

把关注的焦点放在孩子的欲望上。以"为了你好"、面子等理由将父母的价值观强加到孩子身上,不顾孩子的情绪、喜好、兴趣、关注点、才能、意愿、性格,硬要把孩子捏成父母心中的样子,对孩子百害而无一利。

让孩子自己思考、自己行动

若真为孩子的幸福做打算,培养孩子的自主思考、自主行动的能力,才是最重要的秘籍。父母当然有自己的想法,但一直用专制的语气,并无视孩子的意见,孩子就会渐渐地不再发表自己的看法。表面上看起来似乎是个听话的乖宝宝,实际心中却怀着极大的不满,且深陷"不管我说什么爸爸妈妈都不听"的无力感中,不可避免地成为"学得慢的孩子"。

尊重孩子的好奇心

孩子就是好奇心的集合体。他们东摸摸、西瞅瞅，经常出于好奇做出各种各样在大人眼里奇奇怪怪的举动。当孩子表示想做什么事时，父母的态度是理解支持，还是斥责否定，对孩子接下来的行动有很大的影响。

如果父母能放手让孩子去勇敢挑战、满足自己的好奇心，那么完成从"想做"到"做到"的过程，会给孩子带来巨大的成就感。而这种成就感体验的积累，极大地影响着孩子的自主性与主体性。让孩子带着好奇心，在允许的范围内自主地做自己想做的事情吧。

给予孩子选择的机会

很多父母没有意识到，自己在潜意识里并不希望孩子独立自主，这样他们才能一直行使"父母"的权力，让孩子乖乖听自己的话，按照自己的价值观生活。

当然，将一切决定权都交给孩子也不行，我们需要随机应变：可以让孩子自己做决定的事情，就放手让孩子去做；不能让孩子自己做决定，或者孩子的能力还不够，无法做决定的事情，我们就下场支援。比如之前提到的，像"这3个当中你喜欢哪一个？"一样，缩小选择的范围。

介绍—推荐—说服

介绍就是告诉孩子有这样一个东西,推荐则比介绍更进一步,告诉孩子这个东西很适合他,说服则是在推荐的基础上进一步讲述这个东西如何有趣、有什么效果等,最终激发孩子的欲望。"介绍—推荐—说服"这三步能够帮助拓宽孩子的兴趣、激起孩子的欲望。

孩子的视野是有限的,人生经历不足,掌握的信息量也少,所以需要父母进行一定的引导,但不是通过直接要求或命令,而是通过"介绍—推荐—说服"的方式间接给予帮助。

培养孩子的认知灵活性(cognitive flexibility)

认知灵活性指的是我们在遭遇障碍、出现问题、接触和了解新的信息、犯错误等情况下变更计划的能力。

认知灵活性较强的孩子,能够"行云流水"般地应对各种问题及变化。就算事情的最后一刻出现了不可控的变数,他们也能迅速适应新的情况,必要时还能轻松调节好自己的情绪。相反,认知灵活性较弱的孩子在遭遇意想不到的变数时,会感到惊慌与不知所措。

这种能力的培养根源在于孩子要有自我掌控感。当孩子长年处于他人的操控之下,就会变得僵硬,思维或情绪都会失去弹性。而如果经常让孩子自己决定怎么处理情况,孩子就能体会到对自身的掌控感,认知灵活性也会更好。

做孩子的伙伴，一起成长

比尔·盖茨小时候第一次接触电脑就玩了个通宵，后来因为电脑疏忽了学习。对此，比尔·盖茨的父亲并没有训斥他，而是与他一起制定了一周复习计划表、一周时间表，帮助他有计划性地规划生活。比尔·盖茨属于那种一旦投入就忘乎所以的孩子，父亲的做法很好地弥补了他的这一缺点。后来，比尔·盖茨从哈佛大学中途退学并成立公司时，父亲也尊重了他的决定。

史蒂夫·乔布斯小时候聪明伶俐，却不适应学校生活。整个小学期间，他的成绩一直很差，养父母还因为他的捣乱，经常被叫到学校。但是养父发现他对电路感兴趣，就带着他一起逛二手零件商店，请工程师邻居为乔布斯讲解麦克风与扬声器的运行原理。乔布斯之所以能取得惊人的成功，就是因为从小就明确知道自己想做的事情，并且得到了父母的认可，朝着这一方向努力奔跑。

虽然比尔·盖茨与史蒂夫·乔布斯的父母在教育观念和教育方式上有所不同，但他们都是支持孩子梦想的好伙伴。

我是哪一种类型的父母?

随着社会的变化,父母的育儿方法也在迭代,但是爱孩子的心是一直相同的。

"问题终结者"型父母

前面提到的"直升机父母"与"割草机父母"都属于这一类型。许多孩子没办法发挥自己的潜能,就是因为孩子在有所反应以前,父母已经迅速地把问题解决掉了,根本轮不到孩子。

"放任自流"型父母

这类父母又走向另一个极端,那就是完全撒手不管,什么事情都交给孩子自己做决定。孩子也感受不到父母的关心和参与,就这样被放任着长大。

"伙伴"型父母

这类父母是孩子成长的好伙伴,他们会发自内心地倾听孩子的想法,给予孩子独立自主的空间,并且会经常陪伴孩子。当孩子犯了错误时,他们会让孩子付出一定的代价,自己承担后果;然而当孩子需要付出的代价严重到会威胁生活时,他们就会立即介入，为孩子托底。

孩子需要伙伴型父母

与孩子建立纽带

如果父母与孩子之间没有建立纽带，那么孩子对父母就无法全身心地信任，对父母的重要建议经常会置之不理。父母需要持续关注这种纽带的建设，从无到有，或是中途出现断裂时决不能放弃。最核心的两个问题就是理解孩子，弄清孩子喜欢什么，以及陪伴孩子，尽可能与孩子一起开心地玩耍。只有这样，才能走进孩子的世界，与孩子有更深的连接。

"我是站在你这边的"

著名的儿童教育专家珍妮·沃克·卡福瑞（Janine Walker Caffrey）在《驱动力：9种方法激励孩子走向成功[①]》（*Drive: 9 Ways to Motivate Your Kids to Achieve*）一书中表示，要想成为伙伴型父母，首先要让孩子意识到，父母一直站在自己这一边。孩子通常不会把父母视为帮助自己成长的伙伴，而是"敌

[①] 该书尚未有中文版。——译者注

军",若父母想完成从"敌军"到"友军"的转换,就必须让孩子感受到,自己是永远和他站在一起的,能欣赏孩子取得的荣光,也能伴他经历挫折、走过低谷。

搭建平等、成熟的亲子关系

父母与孩子之间的关系不应是一边倒的付出、牺牲,而应是平等的、共同成长的关系。父母无需把自己打扮成悲情的牺牲者,孩子也无需背负巨大的道德压力,只有平等、成熟的亲子关系里,父母与孩子才能各自完成自我的成长。父母不是铜墙铁壁,也不用故作坚强,可以与孩子分享成功,也可以跟孩子聊聊自己的失败。孩子也不用承担父母人生的遗憾与期待,才有机会去独立探索自己的未来。

第五章

那些特别的
"学得慢的孩子"

听知觉①阅读障碍

大多数存在阅读障碍的儿童的困难在于，他们很难将词语的发音与含义联系起来。也就是说，他们的问题出在对声音的识别、声音意义的阐释等音韵认知方面，导致他们无法很好地理解与他人的对话，也就难以有逻辑地说出自己的想法，在书写上也存在这样那样的问题。

ADHD儿童或存在发育障碍的儿童中，有的孩子能够听到常人无法听到的、非常细微的动静，因此，常人能够忍受的，他们会觉得吵闹甚至把耳朵堵上。但另一方面，他们可能又听不到父母的呼喊。他们能听到常人听不到的细小的声音，说明他们的听觉没有任何问题。但是他们选择性倾听的能力较弱，无法过滤背景噪声，导致过多的听觉信息传递到大脑，从而引起注意力分散、大脑超负荷运转。为了阻止这些声音涌入脑海，他们会做出堵住耳朵或大喊大叫等防御行为。

---

①大脑对于听到的信息进行加工处理，从而产生知觉（声音的位置、意义、发展等）的过程。——译者注

处理声音的大脑

倾听（hearing）指的是单纯听取所有能听到的声音，而选择性倾听（listening）指的就是有选择地过滤掉背景杂音，只倾听重要的声音。我们的大脑不是能听到什么就听什么，而是会经过一个听知觉信息处理过程，将听觉信息进行再整理。不过，如果处理声音的听知觉过程出现问题，我们就无法准确地理解声音的含义。

例如，当鼓膜的功能衰退，我们就会听不清声音；当中耳的听小骨与其他部位分离，我们也会很难听到声音。当人们暴露于巨大的噪声环境，纤毛细胞受损就会导致噪声性耳聋，无法听到特定频率的声音。此外，如果丘脑（thalamus）的内侧膝状体（medial geniculate body）的magno细胞（大细胞）的功能退化，大脑就无法快速地处理声音，容易出现音素区分能力下降等听知觉阅读障碍症状。

即使听力正常，如果听知觉过程出现问题，大脑也无法迅速处理连续接收到的声音并理解其含义，就会导致听说能力下降，也就是听不懂话且表达不畅。此外，还会导致一边阅读文章一边在脑海中逐一处理文字发音，掌握阅读内容含义的能力下降，以至于文章通篇读完后却不理解什么意思，也就是听知觉阅读障碍。

音乐疗法

许多存在阅读障碍的儿童是音痴。如果孩子的音韵认知能力较差，不能从词语中分离出声音，再将声音映射到文字，那么孩子感知音乐节奏及音高的能力也会较弱。这是因为，阅读词语与听音乐共用相同的脑回路。

音韵的识别与解读由颞叶参与完成，听音乐则由大脑听觉皮层参与，感知音乐节奏则由前额叶、皮质下组织、小脑等共同参与。由于用到的脑回路不同，也并不是所有的阅读障碍儿童都是音痴。

一项研究表明，演奏乐器可以提高听力、语言理解能力和阅读能力等。而且在演奏乐器时，需要很好地协调乐器的声音、音质和演奏时机，在此过程中，准确认知声音信息的能力、音韵识别能力也会得到提升。在放松的状态下演奏并倾听声音的变化时，声音类型的认知能力、声音映射文字的阅读能力也会越来越好。

此外，唱歌时词语的发音会被加重及拉长，使得音节更容易被听到。一项在英国进行的研究表明，小时候被诊断为患有阅读障碍的儿童在音乐学校接受集中的音乐训练、成为大学生后，他们的阅读能力变得与正常人没什么区别。

大部分孩子升入小学后，都具备后天的音韵识别能力。

然而，阅读障碍儿童却分不清词语中每个字的发音。由于音素是在非常短的时间内形成的一种听觉刺激，所以即使孩子升入小学也无法识别音韵，导致阅读障碍的产生。因此，进行集中的听觉训练、区分说话声音的听觉差异以及音乐教育能够帮助孩子习得阅读所需的音韵识别能力。

如何帮助听知觉阅读障碍儿童提高阅读能力？

工作记忆能力与听觉记忆能力较弱是导致阅读困难的重要原因，然而直接提高这两种能力却很难。目前尚未发现能将相应的认知功能、感觉功能短时间内提升到有意义层面的方法。此外，就算存在这样的方法，也没有证据能够表明提高认知功能、优化认知处理过程一定能提高阅读能力。所以，我们首先应当努力尝试的，是能够直接提升阅读能力的教育方法。

话音切割及组合

首先我们要帮助孩子意识到，话语的声音既可以切割开来，也可以组合在一起。孩子上小学前，主要通过童谣、童话来了解话音、接受语言教育。让孩子在阅读前，将注意力放在话音上。词语接龙游戏也会有很好的效果。

多给孩子读绘本

学习语言最重要的就是听力。听懂了，就会表达；会表达，就能读出书上的内容，自然也就理解所读的内容是什么意思。听力好，学习能力也会提升。书中有很多日常生活不常听到的书面体表达与词汇，因此父母应当多读书给孩子听。

父母进行示范

尽管兴趣、动机、态度、专注水平、家庭环境、家庭教育等都有助于孩子学会阅读，但最有效的方法就是父母多给孩子读书，亲身示范。比如大声朗读书上的字，告诉孩子字与读音的对应关系。父母可以用手指一个一个地指着读，问孩子："这个形状的字之前还在哪里出现过？"当孩子找到后，父母再反复教孩子那个字的读音。

图画识字法

尽管图画识字法的效率较低，但是在学习一些相似读音的字上效果不错。例如"许"与"举"这两个字，与从发音原理上教孩子读音相比，图画识字法耗费的时间更短，而且孩子记得也更清楚。

视知觉阅读障碍

有这样一类儿童，由于看书时眼睛聚焦不够充分，近距离下晶状体调节厚度的能力较弱，产生了阅读障碍。如果用眼动仪来检测这类孩子的阅读能力就会发现，他们的双眼一次性能够看到的字符宽度比正常人要窄，在单个字上停留的时间更长。

此外，在整个阅读的过程中，他们的两只眼球也无法朝着同一个方向、以相同的速度移动，只能是单侧的眼球朝着不同方向运动，或是两侧眼球都朝着不同方向运动。当一行字读完切换到下一行时，他们找到下一行开头的速度也比较慢。若想提升阅读能力，不仅要视力好，大脑中负责处理视觉信息的视知觉能力也要好。只有这样，才能顺利地分析和解读眼睛所看到的内容。

视知觉阅读障碍的症状

精神科医生弗雷德里克·弗莱彻（Frederic Flach）在他写

的小说《瑞奇①》（Rickie）中，讲述主人公瑞奇 3 岁时看到窗外的树木竟然纷纷涌入屋内。他将这一可怕的经历告诉了家人、老师和医生，但是谁也不相信他的话。瑞奇虽然视觉、听觉、智力都正常，但他存在学习障碍，阅读、写字、数学能力都不太好，而且无法同时与多个朋友相处，长大后只能孤身一人生活。

有些孩子擅长使用左脑、左眼、右耳、右手。尽管左脑处于支配地位，但是支配左眼的其实是右脑。也就是说，我们在活动双眼时，还需要得到右脑的帮助。

这样的孩子在用眼睛学习时会感到十分吃力，而且一有压力，眼睛的机能就会下降，看不清字。因此，他们在考试过程中，会出现看不清试卷上的题目的情况。此外，眼睛与手的配合也并不协调，导致字写得乱七八糟。这样的视知觉学习很累，孩子当然也就变得讨厌看书了。

处理文字的大脑

如果视网膜能够正常成像、视力也正常，那么孩子就能

---

①此书尚未有中文版，故书名为音译。——译者注

清楚地理解所看到的内容吗？答案是不能。只有视知觉过程正常运行，孩子才能对所看到的内容产生理解。如果视知觉过程出现问题，可能会出现字符形状扭曲、阅读时前后两字颠倒、漏读等各种视知觉障碍现象，令孩子无法掌握字的读音与含义。

视网膜上有两种感光细胞，杆体细胞与锥体细胞。杆体细胞能够感知太阳光、月光的明暗程度，锥体细胞则对颜色十分敏感。进入眼睛内的视觉信息首先在视网膜上被分析、重组后传递到大脑。视网膜上约有1.2亿个杆体细胞、600万个锥体细胞，能够成像1.26亿个，经过整合后通过100万个神经细胞途经丘脑最终传递到大脑。而大脑中以视知觉皮层细胞为中心的几乎所有脑细胞都参与视知觉过程。

如果来自外界的视觉信息未经完全加工就传递到大脑，那么周围环境及物体在我们看来就会变成碎片拼接起来的一张张照片。幸运的是，我们的大脑在视觉信息传递的每个阶段都会对信息进行调整，在明暗度、颜色、活动性等不同的层面上进行分析整合，这才使得我们所看到的场景是连续的、时刻变化的。

此外，前额叶的功能之一就是"心灵的眼睛"。我们闭上眼睛也能想象出一些画面，正是大脑视知觉过程的典型实例。患有阅读障碍症的汤姆·克鲁斯之所以能够成为优秀的演员，是因为他大脑中"心灵的眼睛"这一视觉化能力十分突出。有了"心灵的眼睛"，才能在催眠状态下想象出任何场景。实际传递视觉信息的是位于丘脑的外侧膝状体，从大脑视觉皮质向下传递的神经束占比多达 80%，比从眼睛传递到大脑的神经束还要多。可以说，与从眼睛传递到大脑的信息本身相比，对视觉信息进行预测、应对和理解的视知觉能力更为重要。

在视知觉体系中，有专门处理运动、位置、空间结构信息的程序，也有专门处理颜色相关信息的程序，二者相互分离，在不同的系统中工作和运转。假设一辆汽车从我们面前飞驰而过，我们能看到车的颜色，是 parvo 细胞（小细胞）在起作用；我们能看到汽车的速度很快，是 magno 细胞的功劳。汤姆·克鲁斯的阅读障碍症就在于 magno 细胞所在的系统出现了问题，导致他看到的字迹晃动、重叠，无法迅速认出字迹内容，长时间阅读会感到眼睛疼痛、头晕、头痛等。

如何帮助视知觉阅读障碍儿童提升阅读能力？

阅读纸质书，改善眼球肌肉的运动

我们在阅读时，眼球会做出如下几种运动：从左到右柔和地移动、从一行字的末端迅速移动到下一行字的开头、根据距离远近调节晶状体的厚薄程度。

阅读纸质书时，应当从上到下、从左到右逐行逐字地阅读。然而，当孩子们阅读图画上的文字时，就很难一行不漏、一字不差地按顺序阅读。这是因为，孩子更倾向于从图画里挑选词语阅读。他们主要使用"F字①"或"Z字②"阅读法，所以倾向于只阅读核心词语。阅读纸质书更有利于锻炼眼球肌。一些带动眼球跟随屏幕上的目标物移动的电脑游戏，也能帮助眼球肌更好地运动。

从左向右的阅读方向

就算视力和眼球的运动性能没有任何问题，就算视网膜上的成像准确，信息在从视网膜传递到大脑皮层的漫长过程中，我们对信息的分析及解读也会有所不同。我们在阅读文章时，右眼负责仔细地阅读每一个字符，而左眼则负责泛阅这个字符周围的内容。如果左眼的视觉认知范围较为狭窄，我们就会很难掌握文字的整体含义。韩文和英文都是从左向右阅读的文字，如果不按照这一方向阅读，对于文字的感知就会出现问题，比如会将 saw 看成 was，将 dog 的字母颠倒看成 god。因此，在阅读绘本时，我们也要训练孩子养成从左到右阅读的习惯。

---

①先浏览每行的左侧开头，然后逐渐向右阅读。——译者注
②先浏览文章左上方与右下方的内容，视线在两个方向间来回切换。——译者注

提高视觉注意力

在缺口处补全图片的游戏可以培养孩子的视觉注意力。此外，寻找图片中错误的地方、隐藏的细节也是不错的方法。拼图游戏当然也不错，买一个内含50个碎片或100个碎片的拼图与孩子一起拼，孩子马上就会专注于拼图游戏之中。复印书籍或诗歌中的一页，把所有"亻"的偏旁都涂抹掉，也是一种提升视觉注意力的有趣的游戏。

提高视觉记忆力

右脑以视觉记忆为主，左脑以语言记忆为主。因此，如果用左脑和右脑同时记忆同一信息，记忆力自然就会提高。也就是说，孩子在背诵某些内容时，如果同时看文章内容和视觉化的图表，那么记忆效果会更好。我们还可以用电子设备或卡片向孩子展示某个字，然后马上把这个字删除或把卡片收走，询问孩子刚才看到的字是什么；或者慢慢地向孩子依次展示多个汉字，10秒后询问刚才都看到了哪些字以及它们的出现顺序。这些游戏都能很好地提升孩子的视觉记忆力。

让孩子练字

患有视知觉阅读障碍的孩子存在许多二维空间的视觉—运动问题，而练字具有很好的改善作用。练字可以让孩子手中的铅笔从左向右移动的动作变得自然流畅，从左向右的阅读习惯也会自然而然地养成。

最开始，可以给孩子用行距较宽的练习本。我们可以先做示范，然后孩子跟着模仿。仔细地向孩子讲解哪个字要怎样写、按照怎样的笔画顺序写、写字时的姿势等，然后让孩子反复练习，还要让孩子充分练习摹写和临写等不同的练字方式。

改善眼球震颤

眼球震颤指的是一种眼球左右上下摆动的现象。阅读需要眼球跟随文字轻柔地转动，但是如果眼球晃动，文字也会跟着晃动，导致眼睛难以聚焦。从外表来看，孩子的阅读障碍可能并不明显，然而细微的眼球震颤动作会让孩子难以将视线固定在阅读的文字上。针对这种情况，只能通过专业的检查来了解眼球震颤的程度，通过手术或非药物治疗等方式治疗眼球震颤，阅读能力也会同时得到改善。此外，眼球震颤常常伴有弱视或斜视，因此如果你的孩子有阅读障碍，最好也一起检查一下这方面的问题。

阅读障碍的早期诊断

哲秀出生15个月后才会喊"妈妈",而且与同龄孩子相比,他的咬字发音并不太标准。在读到绘本中的拟声拟态词时,他也不会绘声绘色地朗读;唱儿歌时,似乎也缺乏节拍感。哲秀从6岁开始学习识字,可是6个月过去了,他还是无法按照自然拼读法① (phonics) 念出字的读音。

上幼儿园的孩子还没有正式学习阅读,因此被诊断为患有阅读障碍症的很少,也几乎没有阅读障碍方面的症状。但其实追溯那些被确诊为阅读障碍儿童的婴幼儿时期,有一些表现早已显露端倪。

阅读障碍儿童早在学龄前,就已经出现语言发育方面的问题。一般来说,孩子在出生10个月后就会喊"妈妈",然而许多阅读障碍儿童在15个月大以后才会开口喊出"妈妈"

---

①看到一个单词就可以根据字母和字母组合、运用单词里的发音规律,正确拼读单词的一种方法。——译者注

这个词语。

处于语言发育早期的孩子，说出的话在语法和发音上都不怎么标准，周围 10 个人中也只有 3 个人左右才能听懂。随着孩子的语言能力逐渐提升，能听懂孩子的话的人也越来越多，10 个人中能听懂的变成 5 个人，后来增加到 7 个人。基本在孩子出生 36 个月后，他所讲的话才能让 10 个人都能听懂。

然而，阅读障碍儿童即使已经过了 4 周岁，由于发音不标准，说出的话也常常让其他人觉得难懂。此外，他们对韵律的认知接受能力也较弱，学习儿歌也有困难。且到了 5 岁，他们仍无法识别出说话声音的最小单位，也就是音素；6 岁时仍然无法将绘本上的文字与读音建立对应关系。

随着升入小学，阅读障碍儿童与其他同龄人之间的差距也会越来越大。孩子们升入小学后才正式开始学习识字、阅读，到三年级应当具备自主阅读的能力；四年级以后，则要学会通过阅读掌握其他必备的知识。也就是说，孩子们到了四年级才能正式将阅读能力用于思考和学习，孩子未来的学习能力如何也取决于这一时期。

而患有阅读障碍的孩子在小学一、二年级时，无论投入多少时间学习，考试分数也总是不尽人意；到了三年级以后，他们花费在学习上的时间要比同龄人更多。在阅读时，只要出现难读的词语，他们就会直接跳过或是换成其他词语。而且，阅读障碍儿童也无法从"梅花""中华""说话""高兴"中选出韵脚特征不同于其他三者的词语。同时,他们也调整不了朗读的节奏,不会添加音高和强弱来让对方听得更明白。

早期诊断对于阅读障碍非常重要。孩子的大脑处于发育过程中,可塑性也较高。因此,发现的年龄越早,教育和治疗见效越快。

学前儿童患有阅读障碍的信号

5周岁前是大脑学习语言最合适的时期。在这一时期,大部分孩子都能学会母语,并能和他人对话。一旦过了这一时期,母语的学习速度就会变慢,还会进一步影响孩子的学业和交友。因此,检查学前儿童是否患有阅读障碍,这一点极为重要。学前儿童患有阅读障碍的几个信号如下所示。

听

有一些阅读障碍儿童的听力非常好,甚至能听到普通人听不到的声音,导致自己的注意力经常被分散。这类孩子对日常生活噪声十分敏感:会对电视声音表现出害怕、听到卫生间滴水的声音会堵住耳朵,会因为父母使用吸尘器的声响而关上房门、因为周围声音太吵而发脾气。他们的选择性倾听能力较弱,因此无法过滤声音,也理解不了他人说的话是什么意思。

说

一些阅读障碍儿童难以用语言表达自己的想法。他们会犹豫不决、文章句子读不完整、压力状态下讲话口吃、讲不出音节较长的词语、也不会改变词句和音节的顺序并重新表达。词语接龙这种锻炼音韵能力的语言游戏，他们往往也不擅长。

看与读

一些阅读障碍儿童分不清鞋子的左右，也扣不好扣子，走路的步态摇摇晃晃，经常容易撞到边边角角，也做不好接球和传球。他们对乘坐游乐设施极为恐惧，旋转的物体也会让他们感到害怕。阅读时，他们会嚷嚷自己头晕、头痛、恶心等。

这是孩子的视知觉能力与平衡感出现了问题，将来还会出现字写颠倒或左右顺序写颠倒的情况。阅读时，也会出现字音不对应的情况。而且，如果将学过的"喜欢"这个词语改换顺序变为"欢喜"，孩子就会不知道该怎么读。

运动

一些阅读障碍儿童就算坐着，身体也保持不了平衡，必须有什么东西帮忙支撑身体；做不出"V"字的手势，也不擅长玩"剪刀石头布"这种动手的游戏。在打球或参加其他集体运动时，他们动作迟钝，感觉统合能力[1]较差。

识字

如果孩子通过看图识字的方式学会了一个字，但这个字换个地方却不知道怎么读，那就说明孩子并没有真正学会这个字的读音，只是背诵了"看图识字"中这个字的形状而已。这类孩子依靠背诵学会的字十分有限，因此他们会抗拒看字太多的书，这也是阅读障碍的一种表现。

---

[1] 人的感觉与运动的不断互动。——译者注

感统失调的孩子

感统失调的全称是感觉统合失调,是大脑功能失调的一种。感统是指将人体器官各部分的感觉信息输入组合起来,经大脑统合作用,完成对身体外的知觉做出反应。感统失调通俗地说,就是大脑和身体各部分的协调出现了障碍。

感统失调的表现

大肌肉运动

感统失调的孩子难以同时运用多个肌肉,他们踢球总是踢不准,遇到复杂的运动项目就会不知所措,就连简单的运动项目也不能按照顺序一步一步做好。有的孩子甚至分不清左右,平衡感较差,就连站也站不直,容易跌倒。

除此之外,他们的触觉也存在一些问题。

小肌肉运动

小肌肉运动十分重要，阅读、写字、使用工具都需要小肌肉运动的参与。感统失调的孩子在需要小肌肉发挥作用的精细动作上存在问题，写字的速度很慢，或是非常用力，字迹也不规则，容易将"b"与"d"、"p"与"q"混淆。学习系鞋带、扣纽扣等精细动作比较困难。

触觉过分敏感

感统失调的孩子对一些质地极为敏感，被触摸时的反应较为激烈。一些食物在口中咀嚼的触感也令他们十分抗拒。这种过度敏感令他们感到难为情，因此轻易也不愿表露出来。

视听觉发展

感统失调的孩子常常无法流利地阅读，经常出现跳读或漏读，多字少字。学了的字也很快就忘，做题时也经常抄错题、抄漏题。且对别人的话听而不闻，丢三落四，经常忘记老师说的话和布置的作业等。

本体感失调

感统失调的孩子往往不合群，比较孤僻，很难融入集体，不能考虑别人的需要，与他人共情。而且缺乏自信，遇到问题时消极退缩，显得手脚笨拙。

平衡感与大脑

人们改换姿势或起身活动时,人体的平衡器官就会将身体的变化传达给大脑,让身体在新姿势下或活动过程中也能继续保持平衡。人的感觉可以分为两种,一种是经由眼睛、耳朵、鼻子、舌头、皮肤感受到的外部感觉,另一种是本体感觉(proprioception)、前庭感觉等身体的内部感觉。外部感觉、本体感觉和前庭感觉共同参与维持身体的平衡。然而,感觉上的刺激不会一个一个地来临,而是同时被我们感知。因此,如果不经过过滤直接传达到大脑,就会导致大脑超负荷运转。

在维持平衡感所需的三种感觉中,外部感觉中的视觉最重要,所以当我们闭上眼睛单脚站立时很难站稳,快速转动眼球时就会感到眩晕。本体感觉能够感知肌肉和关节的状态,前庭感觉能够通过耳蜗旁边的前庭器官[1]感受头部及身体的运动状态。

有些人一坐车就会头晕。头晕其实是前庭器官受到太多刺激而产生的反应。由于身体跟随车身晃动,我们无法将视线固定在车外快速经过的物体上,导致平衡感不断地被破坏。为

---

[1] 位于内耳的、能够感知自身运动状态和头在空间位置的三种器官合称。——译者注

了让身体达到新的平衡，平衡器官就会继续处理更多的感觉刺激，当它们处于超负荷状态时，我们就会感到头晕。

不要以为平衡感只对于运动很重要，它对学习也会产生极大的影响，还决定着孩子的阅读能力。如果平衡感较差，就会导致眼球运动不流畅，出现眼球运动速度变慢、范围受限等情况，进而导致阅读的速度也会变慢。如果孩子一看书就容易头疼、头晕，那么我们就要怀疑是不是他的平衡感出了问题。

小脑—前庭系统

赫勒尔德·莱文森（Herald·Levinson）博士表示，75%的阅读障碍儿童的平衡感都存在问题。小脑—前庭系统对于维持平衡至关重要。小脑和前庭核紧密相连，作为一个系统发挥作用。小脑—前庭系统能够接收视觉、触觉、本体感觉、听觉等一切感觉信息，并能向眼睛、耳朵、手等一切运动器官下达命令。小脑—前庭系统能够统合并调节一切感觉运动。

前庭—眼反射系统

我们活动头部时，之所以视线还能固定在某一物体上，是因为有前庭—眼反射系统。如果这一系统出现问题，那么我们的视线在追踪文字的过程中，眼球就无法固定导致字符出现晃动，阅读方向也会混淆，从而导致漏字或前后顺序颠倒。这样不仅会妨碍我们对阅读内容的记忆，还会导致我们写出的字歪歪扭扭、乱七八糟，甚至写错。

前庭—眼反射系统出现问题的孩子，一看书就会感到眩晕。尽管书本上的文字是固定不动的，但是眼睛在移动、追踪文字的过程中需要不断寻找新的平衡，达到极限后就会出现头晕的症状。

如何提升孩子的平衡感？

让孩子充分活动身体

如果孩子在书桌前久坐的时间太长，身体就会因缺乏锻炼而变得愈加迟钝。越是年龄小的孩子越要多运动，只有这样头脑才会越来越聪明。运动不仅能让孩子学会一项新的运动项目，还能帮助孩子缓解压力。一边左右交叉活动手脚，一边保持全身的平衡，这种运动方式对大脑尤为有益。

触碰孩子时应当小心

对于那些抵触被触碰的孩子，父母应该多加小心。需要触碰孩子时，最好事先征求孩子的同意，以免孩子出现过度敏感的反应。

帮助孩子练字

大部分孩子都不喜欢抄写类的作业。不要因为孩子写得不够干净整齐而要求孩子重新抄写一遍。对于平衡感有问题的阅读障碍儿童来说，重新抄写并不能减少抄错字的个数。

我们可以帮孩子准备行距宽一点的笔记本，或者让孩子写一行空一行。另外，抄写的内容最好不要太长，这样孩子才能认真抄写好所要求的内容。对于阅读障碍儿童来说，动笔写字这一动作需要付出极大的努力，因此最好让孩子在不感到疲惫的、不过分劳累的前提下，愿意抄多少就抄多少。偶尔也可以让孩子换换心情，给孩子布置其他作业。

提高孩子感知节奏的能力

平衡感较差的阅读障碍儿童，感知节奏的能力也会有所欠缺。缺乏对节奏的感知，就无法跟随节奏做出相应的动作。这种情况下，我们可以给孩子放节奏感较强的音乐、那些只由打击乐器演奏的音乐。我们首先要让孩子从听到的音乐中找到、感知到节奏的存在。

进行节奏训练

让孩子听节奏的同时，我们还要训练孩子跟随节奏做出相应的动作。孩子每做一次动作，我们就可以用节拍器测量一下孩子的动作是提前于节奏还是落后于节奏，并将测定的数值随时告诉孩子,这样有助于孩子在下一次节奏响起前对自己的动作进行调整。

提高学习效率的感统训练

视觉训练

视觉训练属于专为学习障碍儿童打造的一种眼球训练,它的理论基础是,眼球运动能力的缺陷与视觉认知能力的问题会引起阅读障碍、语言障碍或其他学习方面的问题。提出或支持这一理论的验光师们还据此提出了一种名为"行为验光法"的治疗方法。

行为验光法是一种以提高学习能力为目的、教给孩子提升特定视觉能力的训练方式。通过活动眼球或借助棱镜镜片,可以训练孩子如何用眼睛追随快速移动的物体、如何迅速而准确地将视线固定在物体上,以及如何同时活动两只眼睛从而提高聚焦效果。

视觉训练还增加补充了学习方法训练以及营养、人际关系训练等内容。不过,单一由视觉问题导致阅读障碍或学习障碍的情况并不多。因此,用视觉训练改善阅读障碍与学习障碍的效果微乎其微。

互动式节拍器（Interactive Metronome）训练

美国加利福尼亚大学的琳达·亚奎朵洛（Linda Acredolo）教授在一项针对孩子们的研究中发现，那些不被允许使用手势与肢体姿势的孩子，语言学习能力与认知能力明显不如允许使用手势或肢体姿势的孩子。

有一种名为互动式节拍器的工具，可以改善"输入—信息处理—输出"的整个流程。互动式节拍器是音乐人士进行一定速度的节拍训练时使用的工具。

互动式节拍器训练法让孩子根据耳麦里传来的节奏，灵活地活动手与脚，左手（脚）与右手（脚）、往前与往后、脚趾与脚后跟，并将它们组合成各种各样的动作。测定刺激时间与反应时间的单位误差为千分之一秒，根据视觉和听觉的反馈就能判断出自己的节奏感好坏，通过训练提高自己的节奏感与时机反应能力。有研究报告称，互动式节拍器训练对于听知觉阅读障碍有很好的改善效果。

神经反馈（Neurofeedback）训练

目前，针对"学得慢的孩子"提出的治疗方法有自我催眠、图像疗法（Image therapy）、神经反馈训练、放松疗法等。这些疗法都旨在提高孩子们调节行为与精神状态的能力，在其他自我调节领域（如调节头痛、肠道运动等）的应用也相当成功。

神经反馈训练会用到一种机器，需要在孩子的脑袋贴上电极、记录大脑的活动，在大脑活动产生的脑电波达到希望的频率时，机器能够自动做出反应。这种训练方法的理论依据是，通过激活大脑活动提高专注力，从而减少过度敏感与冲动的反应。

脑电波是大脑发出的电信号，脑电波的频率不同，精神状态也会相应地不一样。β波是专注时产生的脑电波，θ波是困倦状态下产生的脑电波，α波是发呆状态下产生的脑电波。散漫、易冲动的孩子往往θ波较高，β波较低；专注力较差的孩子即使醒着也处于困倦状态，因此他们的θ波十分活跃。神经反馈训练可以帮助他们降低θ波、提高β波，增强专注力、减少冲动。

神经反馈训练中，有睁开眼睛强化β波的训练，还有在闭眼状态下激活α波和θ波的α—θ训练。反复上千次后，孩子的大脑就会形成长期记忆，此后即使没有专门训练，大脑也能自动提高脑部活动的活跃度和专注力。

像这样，在没有自主意识参与的情况下，对血压、体温、肌肉紧张度等身体信息进行的反馈被称为生物反馈。神经反馈学习的就是如何自主调节脑电波这一身体信息，因此也属于生物反馈的一种。

著作权所有，请勿擅用本书制作各类出版物，违者必究。

图书在版编目（CIP）数据

学得慢的孩子们 / (韩) 金泳熏著；刘亚斐译.--长沙：湖南教育出版社, 2024. 9. -- ISBN 978-7-5539-9871-8

Ⅰ.G782

中国国家版本馆CIP数据核字第2024EB2232号

배움이 느린 아이들 Copyright © 2022 Young-Hoon Kim
All rights reserved.
First published in Korean by SIGONGSA Co., Ltd.
Simplified Chinese Translation rights arranged by SIGONGSA Co., Ltd.through May Agency
Simplified Chinese Translation Copyright © 2024 by Hunan Education Publishing House Branch，China South Publishing &Media Group，CO.，LTD
湖南省版权局著作权合同登记章字：18-2024-214

XUE DE MAN DE HAIZIMEN
学得慢的孩子们

出 版 人：刘新民
责任编辑：姚晶晶
封面设计：宋祥瑜
出版发行：湖南教育出版社（长沙市韶山北路443号）
电子邮箱：hnjycbs@sina.com
网　　址：www.jiaxiaoclass.com
微 信 号：家校共育网
客服电话：0731-85486979
经　　销：全国新华书店
印　　刷：长沙新湘诚印刷有限公司
开　　本：890 mm × 1240 mm　1/32
印　　张：7.25　　　　　　字　　数：160 千字
版　　次：2024年9月第1版　印　　次：2024年9月第1次印刷
书　　号：ISBN 978-7-5539-9871-8
定　　价：48.00元

本书若有印刷、装订错误，可向承印厂调换。